Die Deutsche Bibliothek - CIP-Einheitsaufnahme

Mürmann, Hermann J.:
Die zwölf Hindernisse auf dem Weg in eine beglückende Gegenwart :
Der Weg des Zen / Hermann J. Mürmann. -
Münster/Westf. : Principal-Verl., 1998
ISBN 3-932293-35-5

ISBN 3-932293-35-5

Umschlaggestaltung: Barbara Kettel
Titelbilder: Hermann J. Mürmann
Printed in Germany

Hermann J. Mürmann

Die **zwölf Hindernisse** auf dem **Weg** in eine **beglückende Gegenwart**

Der Weg des **Zen**

PRINCIPAL VERLAG

Für die herzliche Wegbegleitung
möchte ich mich ebenso herzlich
bedanken
bei
Yamada Bunryo Roshi, Eigenji
Harada Sekkei Roshi, Hosshinji
Yasusada Seki, Goshu Kaku Dojo
Seikei Sachiko Oishi-Hess

Schnee liegt auf dem Krokus.

Roshis Worte dringen tief in mein Herz.
Es erblüht in tausendfachen Tränen.

Inhalt

Vorwort 9

Einführung 11

Das Hindernis der falsch verstandenen Freiheit 16

Das Hindernis des Ichs 23

Das Hindernis der Umschweife und Umwege 32

Das Hindernis des Bewusstseins 44

Das Hindernis des Denkens 53

Das Hindernis des Anhaftens 60

Das Hindernis des Wollens 68

Das Hindernis des Verschiebens 76

Das Hindernis der Distanzierung zum eigenen Problem 83

Das Hindernis der Schwächen 98

Das Hindernis der Unterscheidung 110

Das Hindernis der Angst 127

Auf dem Wege sein 136

Zen im Alltag 137

Zazen

- Die äußere Haltung 143
- Die innere Haltung 147

Glossar 153

Fotonachweis 156

Literatur 158

Vorwort

Ich durfte bei mehreren Sesshin für Hermann Mürmann dolmetschen. Im Dokusan-Raum waren wir drei, Roshi, er und ich, eins. Ich wusste, dass er wieder Yaza (Nacht-Zazen) praktiziert hatte. Es ist ein starker Zen-Geist in ihm.

Dieses Buch beginnt dort, wo unser aller Alltag anfängt und unsere Sorgen liegen. Hier und Jetzt! Es hält uns einen Spiegel vor, in dem wir unser ungeschminktes Dasein erkennen können, ohne spirituelle Höhenflüge. Es greift den Trubel unseres Geschäftigseins und das Suchen nach Erkenntnis und geistiger Weiterentwicklung auf. Ein Buch, das nicht im fernen Tempel des traditionellen Japans beginnt, sondern um die Realität der Menschen weiß, die hier in ihrer Alltäglichkeit sorgenvoll verstrickt sind und nicht davor weglaufen können. Es zeigt uns, wie wir trotz aller Hindernisse, die sich uns in den Weg stellen, Hier und Jetzt unseren Zen-Geist ergreifen und voll und ganz realisieren können.

Seikei Sachiko Oishi - Hess

Neu-Ulm, 26. März 1998

Einführung

Betrachten wir unser Leben oder das Leben von Freunden, Bekannten und anderen Mitmenschen, dann ist unübersehbar, dass jeder von uns mit Erfahrungen konfrontiert wird, die sich uns als Hindernisse in den Weg stellen. Diese Hindernisse verhindern scheinbar ein Leben in Ruhe und innerem Frieden. Schauen wir aber genauer hin, können wir erkennen, dass es nicht die Schwierigkeiten an sich sind, die uns das Leben erschweren, sondern die Art und Weise, wie wir mit ihnen umgehen. Wir sind, jeder einzelne von uns ist selbst das Hindernis. Bestimmte Vorstellungen, die wir vom Leben haben, entsprechen sehr häufig nicht der Wirklichkeit und das bedeutet für uns, dass wir diese Diskrepanz als leidvoll erleben. Wir würden gerne die Realität in einer Weise verändern, die unseren Wünschen gleichkommt. Da dies aber ein erfolgloses Unterfangen ist, benötigen wir eine andere Art und Weise mit dem Leben, mit uns umzugehen.

Jeder von uns hat die Möglichkeit einen inneren Zustand der Ruhe des Friedens und der Glückseligkeit zu erreichen. Zu diesem Weg gehören allerdings Hindernisse, die in uns selbst begründet sind und die wir umwandeln müssen, sollen sie uns nicht weiterhin von Glück und Frieden abhalten. Wenn Sie in alten Märchen, Mythen und Sagen lesen, dann können Sie immer wieder erkennen, dass den darin vorkommenden Wesen eine Vielzahl verschiedener Aufgaben in den Weg gestellt sind, die sie davon abhalten ihr Glück auf einem einfachen, bequemen Weg zu erreichen. Warum sollte dies für uns anders sein?

Die Voraussetzung für das *sich-auf-den-Weg-machen*, für unseren Aufbruch, ist das *den Weg suchende Herz.*

Verbleiben wir in einer Gleichgültigkeit uns gegenüber, lassen wir alles so laufen wie es ist. Harren wir aus im Sumpf unserer Unzufriedenheit oder unseres Wohlstandes, dann bleibt der WEG unerkannt. Wir können nicht, das *den Weg suchende Herz* im Kopf entstehen lassen. Es ist nicht durch gutes Zureden oder Intellektualisieren zu gebären. Das *den Weg suchende Herz* ist ein inneres Erleben. Es ist eine Erfahrung, die sich einstellt, wenn wir uns unserem Herzen öffnen. Im Urgrund unseres Herzens wohnt das Sehnen nach Transformation, nach *Heil-werden, Frieden* und *Eins-sein.* Vielleicht vernehmen wir nur noch leise Töne, da unsere Ohren, die nach Innen hören taub und unsere Augen, die nach Innen sehen blind geworden sind.

Der Lärm der Welt, die hektisch gewordene Zeit überfluten uns und wir haben von den Eltern und in der Schule nicht ausreichend gelernt innezuhalten und unserem Herzen zu lauschen. Schon sind wir dabei, unsere hektische Art, von einem Termin zum anderen zu laufen, an unsere Kinder weiterzugeben. Vor lauter zielgerichteten Freizeitaktivitäten haben viele Kinder keine Zeit mehr für das zweckfreie Spielen. Wir können es hin und wieder in den Zeitungen lesen, dass Untersuchungen ergeben haben, dass unsere Kinder regelrecht krank daran werden. Diese *keine-Zeit-fürs-freie-Spielen-Mentalität* kann von immer mehr Kindern nur noch durchgehalten werden, wenn sie Autogenes Training lernen, Entspannungstechniken praktizieren oder sogar Medikamente einnehmen. Während wir die Kinder in eine *du-musst-gut-sein-und-viel-lernen-Haltung* hineindrängen und sie in einer Weise beschneiden, dass sie nicht mehr nach *Herzenslust* spielen dürfen, steigt gleichzeitig bei uns Erwachsenen die Zahl der Herzkrankheiten. Herzen werden trainiert, operiert und ausgetauscht. Wir Menschen erschaffen in vielen Lebensbereichen gesundheitsschädigende, zerstörerische Bedingungen und investieren im Nachhinein viel Geld und Energie, um die Folgen zu beseitigen. Eine alles betäubende Werbeindustrie drängt uns in immer mehr Konsum und individuelles Luststreben.

Die Einbindung des Menschen in die Natur, sein *Eins-sein* mit allem was ist wird selten erkannt. Wir, die „aufgeklärten, wissenden" Menschen zerstören die letzten intakten Lebensräume für Tiere und Pflanzen und vernichten die Lebensräume, der noch existierenden Naturvölker aus Profitgier und Machtstreben.

Ein unentrinnbarer Kreislauf?

Nein, jeder Einzelne von uns kann innerhalb dieser Entwicklung jederzeit innehalten und sich der Weisheit seines ihm innewohnenden Herzens öffnen, auf das Jesus (S.92) mit seinem Finger zeigt.

Vielleicht haben es viele von uns schon versucht und sind irgendwann auf diesem Weg steckengeblieben, haben ihn aus den Augen verloren oder sind an den Hindernissen gescheitert, die ein Weiterkommen erschwerten. Es kann auch sein, dass Unklarheit über den Weg bestand, die Hindernisse zu unklar waren, wir mit falschen Mitteln versuchten voranzuschreiten oder uns niemand Alternativen aufzeigte. Lange Zeit meines eigenen Lebens war auch ich auf der Suche nach neuen Wegen, da mir die katholische Kirche, in die mich meine Eltern geführt hatten, keine Perspektive aufzeigen konnte, in der mein Wunsch nach tiefer religiöser Erfahrung hätte befriedigt werden können.

Erst auf dem Weg des Zen fand ich, was in meinem Herzen auf Erlösung wartete. Gleichzeitig begegnete ich den Hindernissen, die sich uns Menschen in den Weg stellen, wenn uns das Äußere der Religion keinen inneren Frieden schenkt und wir den Wunsch haben, zum Urgrund der Religion vorzudringen. Die großen Weltreligionen unterweisen uns in Bildern, Symbolen und Riten. Wollen wir aber das Dahinterliegende begreifen, dieses was die Worte zu beschreiben suchen, müssen wir einen spirituellen Weg gehen, der uns durch die Erfahrung zum Durchbruch des Göttlichen, der Buddha-Natur in uns führt.

Ich möchte Ihnen mit diesem Buch zwölf der wichtigsten Hindernisse vorstellen und den Weg aufzeigen, diese Hindernisse aufzulösen, damit jeder von uns sein Leben in innerem Frieden, Ruhe und Glückseligkeit leben kann.

Wir alle gehen schon in einer bestimmten Weise, mit den beschriebenen Hindernissen um, mag dies bewusst oder unbewusst geschehen. Stellt sich dabei keine Lebensfreude, kein innerer Frieden ein, können wir jederzeit darüber neu entscheiden, in der gleichen Weise weiter zu leben und alles beim Alten zu lassen oder erste Schritte auszuprobieren, um eine neue Weise des Seins zu finden, die uns aus der Sackgasse heraus, auf einen neuen Weg führt.

Die gefräßige eiserne Baggerschaufel
gräbt sich tief in die spätsommerliche warme Muttererde.

Von kräftigen Männerhänden gesetzt -
Basaltsteine.

Autos stehen auf festem Grund.
Ein Vogel sucht seinen Nistplatz.

(27.9.95)

Das Hindernis der falsch verstandenen Freiheit

Wir Menschen können nur das ernten was wir säen. Die Ernte, die uns in den letzten Jahren zuteil wird, besteht aus verheerenden Hochwasserkatastrophen, noch nie dagewesenen Dürrezeiten und unübersehbaren Busch- und Waldbränden, die nicht nur Pflanzen, Tiere und das menschliche Hab und Gut vernichten, sondern auch bei vielen Menschen zu Krankheit und Tod führen. Immer wieder gibt es Meldungen, über eine große Anzahl von Meeressäugetieren, die stranden und qualvoll sterben, weil u.a. die Verschmutzung der Meere das feine Navigationssystem der Tiere stört und sie ihre Jahrtausende alten Wege durch die Ozeane nicht mehr so gut finden. Das Phänomen „el Nino" zeigt uns Menschen, in welchem hohen Maß wir aktiv unsere Umwelt zerstören. Die Natur, unser Kosmos hat seine eigenen Gesetzmäßigkeiten, um seine ausbalancierte Ordnung aufrechtzuerhalten. Wir Menschen sind Teil dieser Natur und nicht getrennt von ihr. Unser *Einssein* mit allem was existiert, verpflichtet uns mit der Natur in *Einklang* zu leben. Dass wir uns nicht so verhalten erfahren wir tagtäglich aus den Medien. Unser egoistischer Lebensstil, der durch Macht- und Profitgier auf Ausbeutung der Umwelt angelegt ist, ohne Rücksicht auf ökologische Zusammenhänge trifft uns Menschen wie ein Schicksalsschlag, den wir aber selbst zu verantworten haben. Nur allzu deutlich weist uns das Phänomen „el Nino" auf unsere falsch verstandene Freiheit hin. Wirkliches Freisein besteht darin, sich in Harmonie mit den kosmischen Gesetzmäßigkeiten zu entfalten.

Die Entwicklung in unserer Gesellschaft führt aber auch im privaten kleinen Kreis immer mehr zu einer stärkeren Betonung der Wichtigkeit der individuellen Selbstverwirklichung. Dabei geht es um die Frage „Ist es richtig für mich, meine Entwicklung, wenn ich jetzt dies oder jenes tue, oder entspräche es nicht vielmehr meinem momentanen Entwicklungsstand, wenn ich alles mal ganz anders machen würde?" Der Blickwinkel richtet sich im wesentlichen auf die eigene Befindlichkeit „Ich bin im Moment nicht so aufgelegt, erledige du das doch für mich. Ich bin mir wirklich noch nicht ganz im klaren, ob dies das Optimale für mich ist. Es ist für mich jetzt überhaupt noch nicht der passende Zeitpunkt, dass ich dafür die Verantwortung übernehme. Das ist doch nun wirklich dein Problem." Und, und, und. Redewendungen, die zum Standart der Selbstverwirklichung gehören. Im Vordergrund steht unanfechtbar das Individuum. Das Ich, das frei sein möchte von allen Verpflichtungen und jeder Verantwortung und sich aus einer falsch verstandenen Freiheit selbst in den Mittelpunkt stellt. Es möchte alle seine Bedürfnisse, Wünsche, Sehnsüchte und Vorstellungen ausleben, so ganz, wie es glaubt, dass es für die eigene Entwicklung richtig und gut ist. Inwieweit dies nun die Umwelt, den eigenen Partner, die eigenen Kinder betrifft oder für deren Entwicklung gut ist, spielt häufig eine nebensächliche bzw. keine Rolle. Zuallererst geht es um das Ich. Es scheint, als würde das Pendel, welches lange Zeit in der Ecke der Unterdrückung aller Individualität hing, nun einseitig in die Richtung ausschlagen, Befreiung des Ichs ohne Rücksicht auf Verluste. Aber gerade unser Ich ist es, welches den Zugang zu unserer wahren Wesensnatur verhindert.

Ich möchte an dieser Stelle deutlich unterscheiden, zwischen einer Ichentwicklung die notwendig ist, um sich eins mit seinen Gefühlen, Gedanken und seinem Körper zu fühlen und einer Ichbezogenheit, die dazu führt, seine Mitmenschen aus den Augen zu verlieren. Es kann bei jedem Menschen lebensgeschichtliche Erfahrungen gegeben haben, die ihn heute daran hindern, als Erwachsener ihre Frau bzw. seinen Mann zu stehen. Traumatisierungen können uns als Kind in unserer Entwicklung derart behindert haben, dass sie auch heute noch unser Herz und unser Leben belasten. Aus diesen Gründen kann es geboten und notwendig erscheinen, sich mit den eigenen Verletzungen intensiv auseinanderzusetzen. Wenn auch noch viele Menschen sich nicht trauen, zu einem Psychotherapeuten zu gehen, ist dies manchmal die einzige Möglichkeit, um an Leib und Seele zu gesunden, denn zur menschlichen Entwicklung gehört ein gesundes Ich, das uns hilft, in dieser Welt zu bestehen.

Wollen wir allerdings ein Leben aus der Tiefe unserer inneren *Wesens-Natur* leben, müssen wir unser Ich übersteigen und uns unserem Urgrund öffnen. Während meines Japanaufenthaltes im Kloster Hosshinji hörte ich häufig die Redewendung: *„Es ist hier wie in einem Sack Kartoffeln."* Gemeint war damit das gegenseitige Abreiben und Abstoßen aller ichbezogenen Ecken und Kanten. Es galt dort, die anstehenden Arbeiten stillschweigend mit ganzem Herzen durchzuführen und nicht dem eigenen Unwillen, der dem Ich entspringt, soviel Raum zu geben, dass die Arbeit darunter litt. Was dort mit dem Abschleifen angestrebt wird, die Befreiung des Menschen aus seinen *Ich-Fesseln,* findet bei uns häufig falsch verstandener Weise höchste Empörung. Wir wittern dort Gleichmacherei, Angepasstheit und vielleicht sogar einen unkritischen Konformismus, der wie das Beispiel unserer Geschichte zeigt, in einem Faschismus enden könnte. Der Unterschied in dem jeweiligen Ansatz liegt darin, dass im Zen das Ich aufgegeben wird, um das Herz zu befreien, ihm Gehör zu verschaffen und sein Handeln danach auszurichten. In unserer menschenverachtenden Zeit des Hitlerfaschismus ging es um eine Hinlenkung der Menschen auf eine selbstbetrügerische Aufwertung des Ichs, die auf Herabsetzung und Ausschaltung anderer Menschen angelegt war und das eigene fühlende Herz tötete.

Ich möchte Sie an dieser Stelle ermuntern, mit all Ihrer kritischen Energie wach zu bleiben und nichts zu bejahen, was Sie nicht selbst durch die Erfahrung Ihres eigenen Herzens bestätigen können. Auf immer wieder neue Weisen findet ein Ich Gründe, sich gegen alles mögliche aufzulehnen und Erforderliches beiseite zu schieben. Dadurch kommt es nicht zur Ruhe, sondern es ist ein Weitertreiben auf dem Weg der Bedürfnisbefriedigung und der Flucht vor der eigenen Realität. Diese Fortentwicklung ist im wahrsten Sinne des Wortes eine *Fort-Entwicklung. Ich-entwickel-mich-fort* von meinem innersten Wesenskern und meine, durch eine Vielzahl von Bedürfnisbefriedigungen eine Zufriedenheit zu finden. Dass dadurch das Gegenteil erreicht wird, merken viele Menschen erst, nachdem sie Jahre lang diesen Weg gegangen sind. Wir können nicht vor uns weglaufen, auch wenn wir uns mit allen Schöpfungen der Konsumwelt vollstopfen. Es bleibt etwas unerlöst. Und dieses Etwas sind wir, ist unser Herz. In meiner Praxis begegne ich Menschen, die auf der Suche nach sich selbst Wege gegangen sind, die aus der Not geboren wurden, um nicht da zu stehen, mit einer völligen Leere, die sich nur hohl und schlecht anfühlt. Sie haben Alkohol, Tabletten, Drogen, Essen, Kleidung, Arbeit, Sex konsumiert bis hin zum Erbrechen und sind daran teilweise noch mehr erkrankt. Es war die Flucht vor den eigenen Gefühlen, die Angst, konfrontiert zu werden mit ihrem eigenen So-Sein.

Vor nichts hat der Mensch soviel Angst, wie vor dem Anerkennen und Annehmen der eigenen Gefühlsrealität. Was immer uns im Leben widerfährt, sei es der Verlust der eigenen Gesundheit, der Tod eines lieben Menschen, das Haus, das uns abbrennt oder der Diebstahl unseres Autos, die Arbeitslosigkeit oder die Erkenntnis über unsere schwere Kindheit, ist nicht so schwerwiegend wie die Verdrängung und Abtötung unserer eigenen Gefühle, die damit zusammenhängen. Kierkegaard hat einmal gesagt, die Verzweiflung eines Menschen ist immer, was ihm auch geschieht, eine Verzweiflung an sich selbst.

Angenommene und integrierte Gefühle der Trauer, Wut und Verzweiflung befreien unser Herz und öffnen uns für das Leben in der Gegenwart. Verdrängte Gefühle setzen sich im Herzen fest und binden uns an die Vergangenheit. Unser Herz hat vor den Tränen so wenig Angst, wie die Rose vor den Stacheln. Der Teil von uns, der sich weigert im Fluss mit seinen Gefühlen zu bleiben und das zu leben, was im Inneren gelebt werden will, ist unser Ich. So kann jede Selbstverwirklichung, die nur vom Ich gesteuert und bestimmt wird, ein weiterer Schritt sein, der dem *Herzens-Weg* entgegensteht.

Unser Ich erlebt sich nur allzu häufig getrennt von allem anderen Existierenden, in der Tiefe unseres Herzens sind wir aber Eins mit allem was ist. Eine weitere Eskalation der ökologischen Katastrophen ist nur zu vermeiden, wenn jeder Mensch bei sich selbst beginnt und über den Weg der Selbsterkenntnis mit einem offenen Herzen seine eigene Unersättlichkeit, seine Begierden, sein Machtstreben und sein gewalttätiges Verhalten wahrnimmt und überwinden lernt.

Der Weg des Zen lehrt uns, aus unserem Getrenntsein in die ursprüngliche Einheit mit allem was ist zurückzufinden. Dadurch entsteht menschliches Handeln, das durch Aufmerksamkeit, Mitgefühl und Liebe geprägt ist, gegenüber der Natur und allen Lebewesen, einschließlich uns selbst. Wir kommen somit aus einer irregeführten freiheitlichen Vorstellung in eine friedvolle beglückende Gegenwart, in der wir das Leben mit all seinen alltäglichen Pflichten und Aufgaben, eingebettet in die kosmischen Gesetzmäßigkeiten, annehmen, ohne etwas zurückzuweisen oder festzuhalten. Dazu gehört auch die *„Übung des Annehmens"* unserer emotionalen Reaktionen auf unsere alltäglichen Erfahrungen hin, ohne uns aus unserer Verantwortlichkeit gegenüber unseren Mitmenschen und der Schöpfung zu stehlen. Zen-Meister Keisan sprach:

„Stets wohne
im großen Erbarmen
und lasse
die unermesslichen Segnungen des Zazen
allen Lebewesen zuteil werden!"

Der dünne Bambus
senkt sein Haupt zur Erde.
Es regnet.

(15.3.93)

Das Hindernis des Ichs

Vom Standpunkt der Entwicklungspsychologie ist die Heranbildung eines Ichs eine notwendige Voraussetzung für das Bestehen in dieser Welt. In jungen Jahren erkennt ein Kind zum ersten Mal, dass es nicht eins ist mit der Welt, sondern getrennt. Ich bin Ich! Ich bin nicht der Vater, die Mutter oder mein Bett. Ich bin Ich. Das bedeutet, ich kann etwas wollen oder nicht wollen. Ich kann Unsinn machen oder brav sein. Ich kann ja oder nein sagen. Die Entdeckung des Ichs geht mit einer Vielzahl von neuen Erfahrungen und Erkenntnissen einher. Ein Ich ordnet all die Eindrücke die auf den Menschen einströmen, es vermittelt zwischen den persönlichen Wünschen und den Ansprüchen, die von außen kommen. Ein Ich trägt zur Identitätsbildung bei, so bin Ich und so bin Ich nicht. Ein Ich lernt sich verständlich zu machen, sich auszudrücken, mitzuteilen, Stellung zu beziehen, Kontakte zu knüpfen, Grenzen zu ziehen und vieles andere mehr.

An mehreren Stellen dieses Buches betone ich, dass viele Menschen eine schwere Kindheit hatten, und viele schmerzhafte Erfahrungen machen mussten. Dies bedeutet für den Menschen, er ist gestört worden in seiner Entfaltung und Entwicklung. Die äußeren Bedingungen waren nicht so gestaltet, dass er in Ruhe, in dem geschützten Raum einer liebevollen Familie hätte aufwachsen können. Die Psychologie hat eine sehr differenzierte Klassifikation immer wieder neu herausgearbeitet, die das gesamte Spektrum von möglichen Störungen, deren Ursachen und Auswirkungen beschreiben. Das Schwerwiegendste ist sicherlich eine Persönlichkeitsstörung, die schon in der allerfrühesten Kindheit ihre Wurzeln hat und ein Kind in einer Weise beeinträchtigt und verletzt hat, dass es nicht zu sich selber finden konnte und keine eigene Identität besitzt. Kinder, die derartigen entwicklungshemmenden Einflüssen ausgesetzt waren, mussten sich aus inneren Überlebensgründen von sich selbst trennen, um das von sich zu retten, was noch zu retten ist. Hier bestand nicht die Möglichkeit, ein gesundes Ich zu entwickeln.

Uns Erwachsene begleiten immer noch unsere unverarbeiteten Kindheitserfahrungen und diese lassen uns in vielen Lebenssituationen nicht adäquat und frei reagieren. Wir stecken noch zu sehr in unserem alten Erfahrungsmuster und reagieren häufig noch so, als wären wir nicht 30 Jahre älter geworden und als wären die Menschen, die uns umgeben nicht andere als früher. Hier bedürfen wir unseres Ichs, welches uns hilft sich mit unserem gegenwärtigen Leben auseinanderzusetzen und die Frage zu stellen: „Wer bin Ich?"

Es ist der Weg, mit sich in Einklang zu kommen, sich mit sich selbst, mit der eigenen Störung auseinanderzusetzen, sie zu durchleben, um so in Fühlung mit sich selbst zu kommen. An dieser Stelle zeigt sich, dass unser Ich notwendig ist, um eine Auseinandersetzung mit unserem Sein zu beginnen. Unser Schauen ins Innere führt mich vielleicht zur schmerzlichen Erkenntnis, dass ich nur aus absoluter Unsicherheit, Ängstlichkeit, Verwirrtheit bestehe oder ich finde Begierden und Aggressionen in mir, die ich nicht wahr haben will. Sollte dies so sein, dann ist genau das der Ausgangspunkt meines Weges, den ich annehmen muss, wenn ich auf spiritueller Ebene weiterkommen will. Der Vers 39 im Shinjinmei (Teisen Deshimaru Roshi, 1979) heißt:

„Wenn wir die sechs Befleckungen nicht hassen,
können wir den Zustand
des Wahren Buddha erreichen."

Gemeint sind hier unsere Sinne und unser Bewusstsein. Mit ihnen haben wir unsere Lebenserfahrungen gemacht und über sie können wir auch wieder heil werden. Bei Menschen, die in sich selbst keinen guten Rückhalt haben durch ein starkes Ich, entsteht natürlich eine ungeheure Angst vor dem Loslassen, da sie ja gerade an dem Punkt ihres Weges sind, etwas zu suchen, an dem sie sich orientieren und festhalten können. Und dieses etwas muss konkret und handfest sein und darf nicht gleich die Grenzen unseres Denkens überschreiten, das dem Ich erst einmal Sicherheit gibt. Möglich ist es auch, dass diese Menschen sich einen Wegbegleiter suchen, eine Hand, an der sie sich für eine Zeit lang festhalten können.

In der Mythologie der Tarahumara-Indianer (Estes, 1993, S.31) gibt es die alte wilde Frau La Loba, die Wolfsfrau, welche durch die ausgetrockneten Flussbetten und Bergkämme zieht, um abgestorbene Überreste, Knochen, Haut und Haare von Tieren zusammenzusuchen und in mühseliger, geduldiger und liebevoller Weise zusammenzufügen und sie dann wieder neu zu beleben. Sie singt über den Knochen und singt und haucht dabei wieder neues Seelenleben ein. Sie singt so lange bis die Knochen wieder Gestalt annehmen und nach und nach vollständig zum Leben erwachen. Dann läuft das Geschöpf, der Wolf von dannen, wandelt sich in eine Frau und ist frei und lebendig. Dieses Bild drückt sehr viel Mitgefühl und Liebe für die Kreatur aus, dass ich es erzählen musste, um jeder verletzten Seele zu sagen, setze Dich hin und lass Deinen Atem in die tiefsten Tiefen deines Herzens fließen, und so lange die Verletzungen und Wunden umstreichen, bis sie geheilt sind und alle deine Persönlichkeitsanteile wieder integriert sind und dein Herz zu neuem Leben erwacht. Dies ist ein wichtiger Schritt für all diejenigen, die in dieser Welt erst einmal zurechtkommen müssen und für sich eine gewisse Stabilität als Ausgangspunkt benötigen, um auf beiden Beinen stehend, dann ihr Ich loslassen zu können, um im kosmischen Bewusstsein aufzugehen.

Der Weg des Zen geht über die psychologische Entwicklung unseres Ichs und die Wiederbelebung der abgetöteten Aspekte von uns Menschen weit hinaus und führt uns über alle behindernden Vorstellungen zum Ursprung allen Seins, der Buddha-Natur, zu Gott.

Deshalb bin ich fest davon überzeugt, dass Zazen, auf welchem Wege wir auch immer bis heute gewandelt sind, eine große unbeschreibliche Stütze ist, denn Zazen lehrt uns das Seiende so anzunehmen, wie es ist ohne etwas hinzuzufügen.

„Wahrlich,
So wir ergreifen oder zurückweisen wollen
sind wir nicht frei."

(Teisen Deshimaru Roshi, 1979, S. 30)

Die „Große Wurzel des Zweifels" lässt uns Menschen und besonders gerade den Menschen, der leidet, immer wieder neu hinterfragen, ob das Erreichte, ob der gegenwärtige Zustand der Rechte ist auf seinem Weg zur Herzensfreiheit.

Es ist die Reflexion über unser Ichbewusstsein, das uns kritische Anstöße für unsere weitere spirituelle Entwicklung geben kann, das uns nicht versinken lässt in einer bequemen *am-besten-lasse-ich-alles-wie-es-ist-Haltung* oder in einer *was-soll-ich-mich-mühen-,so-schlecht-geht-es-mir-auch-wieder-nicht-Haltung.* Das sich immer wieder einstellende Nagen des „Großen Zweifels" hält uns in Bewegung und kann zur festen Entschlossenheit führen den Zen-Weg zu gehen. Um irgendwo hingehen zu können, muss ich etwas von dem gehört haben, wo es hin geht, was da auf mich wartet und wie ich dahin kommen kann. In dieser Zeit mag unser Ich etwas gehört haben über Zen oder etwas darüber gelesen haben. Erscheint es uns interessant genug, vielversprechend zu sein, dann sind wir möglicherweise motiviert, uns auf diesen Weg zu begeben. Allein die „Große Wurzel des Zweifels“ reicht noch nicht aus, den Weg zu gehen, wir müssen die „Große Wurzel des Glaubens“ in uns spüren. In unserem Herzen muss ein Fünkchen tiefes Vertrauen sein, das an die „Große Wurzel des Glaubens“ angeschlossen ist. Hier können wir Menschen den heilsamen Schritt tun, mit der „Großen Wurzel des Glaubens“ in den Vollzug des Zazen einzutauchen und damit in die Erfahrung der eigenen Göttlichkeit, unserer Buddha-Natur.

Aber gegen dieses tiefe Eintauchen wird sich unser Ich wehren. Es hat Angst seine Position der Macht aufzugeben. Das Ich fühlt sich bedroht durch das Aufleuchten der spirituellen Ebene. Unser Ich ahnt die Größe der Buddha-Natur, unserer Göttlichkeit und klammert sich an all dem bisher erreichten auf der materiellen Ebene und versucht uns mit seinen Begierden und Illusionen immer wieder von seiner Wichtigkeit und der materiellen Lebensweise zu überzeugen, die durch ständig neue Bedürfnisbefriedigung bestimmt ist. Unser Ich lebt von den Erfahrungen, Bildern und Vorstellungen unseres Bewusstseins. Es ist gefüllt von Erinnerungen, die in der Vergangenheit verhaftet sind, es stellt Überlegungen an, die in der Zukunft liegen. Aber all dies ist fernab von der Realität selbst, denn die Realität findet und ereignet sich nur in der Gegenwart, im jetzigen Augenblick. Versucht unser Ich die Gegenwart einzufangen, ist diese schon zur Vergangenheit geworden und so kann sich unser Ich nur noch ein Bild davon machen. Selbst aber ist unser Ich leer, ohne eigene Substanz.

„Der Speichen dreimal zehn
Auf einer Narbe stehn.
Eben dort wo sie nicht sind,
Ist des Wagens Brauchbarkeit.

Man knetet Ton zurecht
Zum Trinkgerät:
Eben dort, wo keiner ist,
Ist des Gerätes Brauchbarkeit.

Man meißelt Tür und Fenster aus
Zur Wohnung.
Eben dort, wo nichts ist,
Ist der Wohnung Brauchbarkeit.
Wahrlich:
Erkennst du das Da-Sein als einen Gewinn,
Erkenne: Das Nicht-Sein macht brauchbar."

(Lao-tse, 1979, Vers 25)

Ist es da nicht merkwürdig, dass wir trotz alledem an unserem Ich so festhalten, obwohl wir nach jahrzehntelangen Versuchen über die Wege und Ratschläge des Ichs innerlich zu Frieden und Ruhe zu kommen, nicht zu einem entsprechenden Ergebnis gelangt sind?

Lassen wir unserem dominanten Ich seine Machtposition werden wir keine Glückseligkeit und keinen inneren Frieden erreichen, weil uns das Ich durch seine Beschaffenheit daran hindert, in die Tiefe der eigenen Buddha-Natur vorzudringen und darin aufzugehen.

Im Matthäus-Evangelium 5.3. heißt es:

„Selig sind die Armen im Geiste.
Ihrer ist das Himmelreich."

Armut im Geiste ist für Meister Eckhart (1984, S.33ff) nicht geistiges Minderbemitteltsein, sondern so arm in seinem Willen zu sein und so wenig zu wollen und zu begehren, wie wir wollten und begehrten, als wir noch nicht waren.

Ebenso sollten wir so ledig allen Wissens sein, dass keinerlei Vorstellung über Gott in uns lebendig ist und wir sollten keine Eigenstätte in uns haben, von der wir meinen, Gott könnte darin wirken.

Meister Eckhart formuliert es in einer Weise, dass wir meinen könnten es handelt sich um einen Koan aus dem Zen, in dem es heißt:

> *„Zeig mir wer du warst, bevor deine Eltern geboren wurden!"*

Auch hier gibt es kein Ich mehr, welches über sich Aussagen treffen kann, das Vorstellungen entwickelt von dem, wie es sein sollte und sich selbst als einen Ort sieht, in dem die Einheit mit Gott sich ereignen kann. Wenn wir dort hinkommen wollen, gehen wir *mit* unserem Ich.

Unser Ichbewusstsein ist sogar die Voraussetzung für unseren Weg dorthin. Ohne unser Ich könnten wir nicht darüber reflektieren, wo wir stehen in unserem Leben, was uns wichtig ist und welchen Weg wir einschlagen wollen. Wir würden nicht durch die Tür ins Zendo schreiten und auf unserem Zafu Platz nehmen. Entscheidend ist, dass wir dort beginnen, die Dominanz des Ichs aufzulösen, die uns hindert Eins zu werden mit unserer Buddha-Natur. Unser Ich geht dann im kosmischen Bewusstsein auf oder mit anderen Worten ausgedrückt, das Wesen der Buddha-Natur durchdringt unser Ich. Das Aufgehen des Ichs im kosmischen Bewusstsein, ist wie ein Regentropfen der Eins wird mit dem Wasser des Ozeans.

Der Zen-Weg ist der Weg zur Verwirklichung des *Nicht-Ich*.

„Eh als ich Ich noch war, da war ich
Gott in Gott:
Drum kann ichs wieder sein, wenn ich nur
mir bin tot."

(Angelus Silesius, Vers 233, V Buch, 1986)

Tropfen fallen
laut auf die Holzterrasse

das Ahornblatt
kann den Regen nicht mehr halten

(7.11.95)

Das Hindernis der Umschweife und Umwege

Betrachten wir unser Leben, so gibt es zwei große Bereiche in denen wir zu Umschweifen und Umwegen neigen. Der eine Bereich betrifft unsere alltäglichen Handlungen, der andere unseren inneren Weg. Im Zen sind diese beiden Bereiche auf eine wunderbare Weise miteinander verbunden. Die alltägliche Handlung ist gleichsam innerer Weg und unser inneres *In-die-Tiefe-gehen* bezeugt sich in dem *Einswerden* mit unserem täglichen Tun.

Ich möchte Ihnen an Hand eines alten Bildes aus dem Zen deutlich machen, wann Sie ohne Umschweife handeln würden. *Stellen Sie sich vor, ihr Kopfhaar würde brennen!*

Nun? Keiner von Ihnen würde auch nur einen Moment zögern, das brennende Kopfhaar zu löschen. Ob es Ihre bloßen Hände sind oder ein Kissen, Ihr Pullover oder was auch immer Sie nehmen würden, ohne weitere Überlegungen anzustellen würden Sie Ihr Haar löschen. Das Besondere an diesem Beispiel ist, dass es sich dabei um eine Situation handelt, die Ihnen höchst wahrscheinlich zum ersten Mal begegnet und Sie kein Verhaltensrepertoire besitzen, auf das Sie zurückgreifen können. Und trotzdem oder gerade deshalb reagieren Sie blitzschnell und richtig. Die Situation erfordert es, dass Sie sofort ohne weitere Umschweife und langes Hin- und Herüberlegen eingreifen. Jede Verzögerung Ihrer Handlung könnte schlimme Folgen für Sie haben. Der Verstand mit seinen komplizierten Denkstrukturen benötigte zu viel Zeit, um alle Eventualitäten und Möglichkeiten abzuwägen. Ihre Intuition, Ihr Instinkt ergreift die Initiative und Ihre Hände fahren zum Kopf ohne Ihnen auch nur einen Moment Zeit zu lassen, darüber nachzudenken. Es gibt keine Umschweife, wie: „Ich muss erst überlegen, ob meine Hände darunter leiden könnten, oder sollte ich nicht doch lieber erst ein altes Handtuch zum

Löschen holen.“ Wo immer Sie vor dem Brand noch mit Ihren Gedanken waren, Sie werden sofort ganz klar und wach sein. Es gibt keine Vergangenheit und keine Zukunft mehr, es ist ein sofortiges vollständiges Ankommen in der Gegenwart. Wie sehr Sie auch zerstreut waren, alle ihre Sinne und Empfindungen fließen augenblicklich zusammen.

Denken Sie jetzt einmal einen kleinen Moment über Ihren Alltag nach. Wie häufig handeln Sie ohne große Umschweife und Umwege? In welcher Weise zögern Sie Entscheidungen und Aktivitäten hinaus? Was verhindert ein direktes Daraufzugehen und klares Umgehen mit den Dingen, die erledigt werden wollen? Sie werden eine ganze Reihe von Beispielen finden, wahrscheinlich auch noch mehr Gründe, mit denen Sie Ihre Zögerlichkeit und Ihre Umschweife rechtfertigen. Beim Kinhin (Gehen zwischen den einzelnen Meditationsphasen) gibt es keine Umschweife und keine Umwege. Es ist ein direktes, klares, sofortiges auf den Punkt, die Ecke zugehen. Dort angekommen, wird in der gleichen Weise auf den nächsten Punkt zugegangen. Auf die gleiche Art müssen wir lernen, in unserem Alltag zu handeln. Wenn die Kartoffeln kochen, ist es gut, den Herd kleiner zu stellen, - wenn Ihr Kind sich den Finger geklemmt hat, ist es wichtig, ihm sofort beizustehen, - wenn ihr Auto nur noch mit dem Benzin Ihres Reservetanks fährt, ist es unabdinglich, eine Tankstelle aufzusuchen und wenn Ihre Nase tropft, ist es gut, ein Taschentuch zu benutzen. Es ist jeweils das nächstliegende Tun, was uns den Weg freimacht für das dann folgende Nächstliegende usw.

Umschweife und Umwege sind mit einer Abneigung sich selbst oder der Sache gegenüber verbunden. Hinzu kommt noch eine fehlende Beherztheit die Dinge anzugehen. Halten wir mit unserem bewertenden Ich unsere Initiative, unsere Inspiration, unsere Intuition gefangen, dann manifestieren wir unsere Abneigung und Bequemlichkeit.

Wir haben viele Abneigungen im Laufe unseres Lebens entwickelt, gegenüber bestimmten Menschen, Tieren, Pflanzen, Themen, Ideologien, Religionen, Gegenständen und Tätigkeiten. Jeder könnte eine lange Liste unterschiedlichster Abneigungen aufstellen. Hier liegt die Wurzel von Respektlosigkeit, Feindseligkeit, Hass und Krieg. An anderer Stelle werde ich dies noch verdeutlichen.

Den Auswirkungen unserer Abneigungen begegnen wir täglich in unserem Alltag, einerseits im Umgang mit bestimmten Dingen, andererseits in unserer eigenen Entwicklung. Wir schieben Dinge, die erledigt werden müssten vor uns her, weil sie uns unangenehm sind. Ob dies ein Handwerker ist, mit dem wir über eine überhöhte Rechnung sprechen müssten, ein offenes Gespräch mit einem Freund, das noch aussteht, die Einkommensteuer die auf uns wartet, ein Telefongespräch mit den Eltern, das Klären eines Konfliktes mit unserem Partner, die Reparatur des Fahrrades, der Austritt aus dem Kegelklub, der Wechsel in eine andere Religionsgemeinschaft, der Besuch unserer erwachsenen Kinder, die Auseinandersetzung mit unliebsamen Themen oder ähnliches. Das Aufschieben von anstehenden Tätigkeiten und die Umwege, die wir einbauen bis wir Dinge erledigen, führen bei vielen Menschen zu einer Einschränkung des Wohlbefindens. Es können psychosomatische Beschwerden entstehen, wie innerer Druck, Verkrampfung, Kopfschmerzen, Magen-Darm-Probleme, Schlafstörungen, Herzbeschwerden, um nur einige zu nennen.

Meister Eckhart (a.a.O., S.30) zeigt uns eine Art und Weise auf, wodurch unser Tun geprägt sein sollte:

„Auf drei Punkte sollen wir bei unserem Tun achten:
dass man ordentlich, vernünftig und bewusst arbeite.
Nun nenne ich dies ein ordentliches Tun,
dass man allerwärts das Nächstliegende tue.
Vernünftiges Tun aber ist dies,

dass man zur Zeit kein besseres Ding
als eben dies eine tun kann.
Und bewusstes Wirken nenne ich das,
wo man lebendige Wahrheit
mit fröhlicher Gegenwärtigkeit in
guten Werken verbindet."

Es ist deutlich erkennbar, dass hier keine Abneigung mehr eine Rolle spielt. Unser Ich, das sonst bewertet und entscheidet aufgrund seiner Vorlieben und seiner Bequemlichkeit und seines Taktierens gegenüber bestimmten Tätigkeiten oder anderen Menschen, ist im Hintergrund versunken. Es steht im Dienste unserer Umwandlung, womit unsere egoistischen Interessen nicht mehr bestimmend für unser Handeln sind.

„Einst wurde der große Zen-Meister Chao-chou
von einem Mönch nach dem Zen-Weg gefragt.
Dieser antwortete:
„Hast du schon deine Reissuppe gegessen?"
Der Mönch gab zurück:
„Ja, ich habe meine Reissuppe gegessen."
Woraufhin Chau-chou erwiderte:
„Dann geh und wasch deine Essschale!"

In diesem Moment erfuhr der Mönch Erleuchtung.

Das Beispiel macht deutlich, dass es auf dem Weg zur wahren Erkenntnis um nichts Besonderes geht. Es ist vielmehr die ganz gewöhnliche Alltäglichkeit, mit ihren ganz gewöhnlichen Handlungen, welche die Offenbarung birgt. Und genau an dieser Stelle stehen viele Menschen, die Erfüllung und Erleuchtung suchen; aber bitte nicht in den alltäglichen Pflichten. Sie möchten die besonderen, herausragenden Erlebnisse, den richtigen Kick, eine sich vom Alltag unterscheidende Atmosphäre und Umstände, welche durchschlagende Erfahrungen machen lassen. Eine derartige Einstellung lässt die Übung im Alltag ungenutzt.

Zu sehr lassen wir uns beeinflussen von unseren Vorlieben und Abneigungen und sehen dadurch die Dinge nicht so, wie sie wirklich sind. Dadurch verhindern wir das Einswerden mit den Dingen. Wir errichten automatisch eine Distanz und ein offenes freies Begegnen ist nicht mehr möglich.

Ein Aufenthalt in einem Zen-Kloster oder die regelmäßige Teilnahme an einem Sesshin gibt Führung durch den Roshi, ist Korrektur auf Irrwegen, stärkt unsere Beharrlichkeit, gibt Kraft, vermittelt wichtige Anstöße, lässt durchdringende Erkenntnisse und Erfahrungen machen und führt zur Verwirklichung des eigenen Dharma. Wir müssen unsere Buddha-Natur finden und unser Dharma in unseren persönlichen Lebensumständen verwirklichen. Dazu gehören unser Partner, unsere Kinder, unser Beruf, unser soziales Umfeld. Unser Alltag ist nun einmal nicht der eines Mönches. Und es kann sein, dass uns niemand dabei unterstützt, die Menschen um uns herum zu unserem Zen-Weg keine Beziehung haben, uns nicht verstehen oder sogar verlachen. Dann ist es schwerer für uns regelmäßig Zazen zu sitzen und es kann sinnvoll sein, sich einer Gruppe anzuschließen, mit der wir gemeinsam sitzen können. Sollte dies nicht möglich sein, ist es gut sich auf die „Große Wurzel des Glaubens" zu stützen und in all seinen Alltagshandlungen Aufmerksamkeit zu erlangen und regelmäßig Zazen alleine zu praktizieren.

Nur zu gut lässt sich vorstellen, wie ein Mensch ohne den Glauben an sich und seine Buddha-Natur Umwege geht und Umschweife macht. Dieses Ausweichen ist im Wesentlichen ein Ausweichen vor sich selber, welches sich nach außen hin in seiner Erscheinung, seinem Denken und seinem Tun ausdrückt. In der Psychologie stehen hierfür Begriffe wie Verdrängung, Rationalisierung, Unterdrückung usw. All diese Mechanismen sind Lösungsversuche des Menschen aufgrund seines fehlenden Wissens um die Einheit mit Gott. Wenn wir nicht in Kontakt mit unserer Göttlichkeit sind, nicht beseelt von dem Wissen, dass die Tiefe unserer Wesensnatur göttlichen Ursprungs ist, dann haben wir Angst uns zuzulassen, nach Innen hin loszulassen, da wir Schlechtes und Böses vermuten, mit dem wir nichts zu tun haben wollen.

Der große alte Zen-Meister Linchi sagte in einer seiner Reden zu den Mönchen:

„Ihr seid nicht vom Patriarchen Buddha unterschieden."

Meister Eckhart (1988, S.200) formulierte es so:

„Man soll Gott nicht außerhalb
von einem selbst annehmen und erachten
sondern als mein Eigen
und als das, was in einem ist.
Manche einfältigen Leute meinen,
sie sollten Gott so sehen,
als stünde er dort und sie hier.
So ist es nicht.
Gott und ich wir sind eins."

In unserer westlichen Kultur ist uns dieses Wissen darum verloren gegangen. Zu sehr hat die Kirche die Gottessuche nach außen verlagert und wir sind abgekommen von dem Wissen um die Einheit mit Gott. Die „Große Wurzel des Glaubens" ist ein tragender Pfeiler auf dem Zen-Weg. Wir tragen die Buddha-Natur, die Gottes-Natur in uns und unsere Aufgabe ist es, dies mit unserem Herzen als Erfahrung zu realisieren.

Immer wieder erlebe ich in meiner Praxis Menschen, die weit davon entfernt sind, auch nur daran zu denken, dass sie eins sind mit Gott. Voller Selbstzweifel und in Abwesenheit jeglicher persönlicher Würde glauben sie an das Häßliche, das Böse in sich. Es ist darin nicht der geringste Platz für ein Fünkchen Göttlichkeit. Vollgestopft sind sie mit Worten und Bildern, die andere sie weiszumachen glauben. Und diese Seite ist so mächtig, dass sie den Menschen ewiglich gefangen halten kann, bis, ja bis der Mensch all seinen verbliebenen Mut und seinen Rest Glauben an sich zusammennimmt und den Schritt wagt, das alte Bild von sich loszulassen, an das er sich so geklammert hatte, da es sein einziges war, an das er sich festhalten konnte.

Wenn Sie sich jetzt einmal darauf einlassen, in ein Meer tiefen Vertrauens zu sich selbst einzutauchen, entsteht dann nicht ein wunderbares Wohlgefühl und eine große Ruhe und Liebe sich selbst und allem anderen gegenüber?

Lassen Sie sich genügend Zeit dabei. Lehnen Sie sich zurück oder wenn es möglich ist, machen Sie sich eine Kerze an, setzen sich auf Ihr Meditationskissen und lassen Sie Ihr Bewusstsein eins werden mit den folgenden Sätzen:

„Ich bin eins mit meiner Göttlichkeit, meiner Buddha-Natur.
Ich vertraue auf meine mir innewohnenden göttlichen Kräfte!“

Wiederholen Sie diese Sätze in aller Ruhe und Gelassenheit. Versuchen Sie nichts zu erzwingen. Öffnen Sie sich nur der dahinterliegenden Erfahrung. Vielleicht gelingt es Ihnen für einen kleinen Moment die Qualität wahrzunehmen, die sich durch dieses Bild im Herzen ausbreitet. Menschen, die sich mit ihrem Herzen darauf einlassen können und diese Sätze nicht nur im Kopf mechanisch wiederholen, sind häufig sehr stark berührt. Sie weinen, strahlen oder auch beides und sind derartig bewegt, weil sie eine Seite in sich erlebt haben, die schon immer anwesend aber seit Ewigkeiten verschüttet war. Viele Menschen habe ich auch erlebt, die kaum eine Bereitschaft hatten, sich darauf einzulassen oder nach einem kurzen Versuch abbrachen, da in Ihnen gleich zu Beginn eine Stimme auftauchte, welche in der Tradition des Ichs als geistiger Türhüter, keine neuen Erfahrungen zulassen wollte, die das alte Denkmuster stören könnte. Menschen, die gelernt haben, immer Umwege um ihre eigene Wesensnatur zu machen, entwickeln eine Angst vor dem eigenen So-Sein, wenngleich sich parallel dazu eine große Sehnsucht nach der wahren Wesensnatur entwickelt. Diese Menschen benötigen Zeit zu erkennen, dass sie schon lange Umwege um sich selbst machen und sie müssen das Drängen in sich deutlicher spüren, das zum Gehen eines neuen unbekannten Weges aufruft. Und dieser Weg, mag er uns erst noch so fremd vorkommen, ist die

„Wiederentdeckung eines alten
Weges zu einer alten Stadt,"

wie es Buddha sagte.

In der biblischen Geschichte vom blinden Bartimaios (Mk 10,46-52) ist gut beschrieben, wie dieser Mann lange Jahre Umwege und Umschweife machte, bis er den Mut hatte, sich ernst zu nehmen und sich freizuschwimmen von den eigenen Begrenzungen in sich selber und den Einschränkungen, die er durch seine Mitmenschen erlebte, die ihn lange Jahre festhielten. Sie drängten ihn in eine bestimmte Rolle und wollten ihn auch daran hindern, sich dagegen aufzulehnen.

„So kommen sie nach Jericho. Und als er (wieder) fortging aus Jericho, mit seinen Jüngern und mit einem beträchtlichen Volk, saß da der Sohn des Timaios, Bartimaios, ein blinder Bettler, am Weg. Wie er hörte: Jesus, der Nazarener, ist es, hub er an zu schreien und zu sagen: Sohn Davids, Jesus,

erbarm dich meiner! Da herrschten viele ihn an, dass er schweige; er aber, noch viel mehr, schrie auf: Sohn Davids, erbarme dich meiner. Da blieb Jesus stehen und sagte: Ruft ihn. Da riefen sie den Blinden und sagen ihm: Nur Mut, steh auf, er ruft dich. Da warf er seinen Mantel ab, sprang auf und kam zu Jesus. Doch ihm zur Antwort hat Jesus gesagt: Was für dich, möchtest du, soll ich tun? Der Blinde aber hat ihm gesagt: Rabbuni (mein Meister), dass ich wieder sehe. Da hat Jesus ihm gesagt: Geh hin, dein Vertrauen hat dich gerettet. Und sogleich wurde er wieder sehend und folgte ihm auf dem Wege."

Bartimaios geht, nachdem er sich jahrelang von seinem wirklichen inneren Dasein abgelenkt hat ohne weitere Umschweife und Umwege auf Jesus und damit auch auf sich zu. Ohne noch zweifelnde Überlegungen anzustellen ruft er unüberhörbar, so, als spüre er plötzlich sein Kopfhaar brennen und er zögert diesmal keinen Moment es zu löschen. Es ist das Loslassen aller bisherigen Gedanken, Vorstellungen, Bilder und Ängstlichkeiten, die ihn bisher fesselten. Bartimaios macht den Schritt aus seinem inneren Gefängnis und springt ohne Wenn und Aber in die Gegenwart. Er wirft alle Zögerlichkeit und Bedenken von sich und steht voll und ganz zu sich selbst. Bedenken Sie unsere Ähnlichkeit mit Bartimaios. Wie häufig schlucken wir Worte hinunter, halten mit unserer Meinung hinterm Berg. Wo bleiben unsere verdrängten Gefühle, ungelebten Seiten? Sie suchen sich einen Weg, doch noch ins Leben zu kommen, sich ausdrücken zu dürfen, auch ohne unsere Einwilligung. Und dies geschieht zwangsläufig in der Dunkelheit unseres Inneren und findet so über Umwege und Umschweife einen Weg, der sich oftmals gegen uns und andere ausdrückt. Wie wohltuend, erleichternd und beglückend ist es doch da, etwas hinter sich gebracht zu haben, das sich wie ein Berg vor uns aufgetürmt hatte. Wir knüpfen damit wieder an unsere schöpferischen, göttlichen Kräfte an, überwinden unsere im Kopf aufgetürmten Hindernisse und sind offen und frei für das Leben in der Gegenwart. Die Natur ist ein wunderbarer Lehrmeister für uns, sie benötigt keine Worte, Bilder und Symbole. Die Natur ist direkt, unmittelbar und unmissverständlich. Denken Sie an den Frühling. Überall beginnen Blumen, Gräser, Büsche und Bäume aus ihrem Winterschlaf zu erwachen und sich ihrem Wachstumsprozess ohne Umschweife und Umwege hinzugeben. Kein Gewächs macht sich dabei Gedanken, ob dies alles auch richtig, inwieweit sein Standort passend ist, seine Größe andere Pflanzen vielleicht behindern könnte. Jede Art entwickelt ihre Eigentümlichkeiten, die Walderdbeere ihre Süße, die Brennnessel ihre Fähigkeit zu brennen, der Knollenblätterpilz sein Gift, die Rose ihren Duft und ihre Dornen. Ebenso verhält es sich mit dem Meer, dem Wind, dem Gewitter, den Bächen und dem Schnee.

Ich bin viele Tropfen und doch ein Bach.
Ich bin an der Quelle und der Mündung zugleich.
Ich bin der Fluss, das Meer, sogar der Ozean.
In den Wolken, im Wind, in den Wiesen und Wäldern bin ich,
in den Tieren und den Menschen.
Ich bin eins mit allem und doch verschieden.
Ich umspüle Steine und Wurzeln, tränke Pflanzen und Tiere,
versickere im Boden und verdunste zu Wolken.
Ich fließe ruhig und reißend, werde gestaut und breite mich aus.
Es ist so wie es ist!

Alles ist in seiner Art vollkommen und in Harmonie. Wir begegnen hier der göttlichen Weise, sich zu öffnen und sich zuzulassen, in vollem Vertrauen darauf, dass es gut ist, seinen Wesenskern ganz zu offenbaren und sich dem Gestaltwerdungsprozess hinzugeben. Vielleicht bestätigen Sie das Gesagte, wie Sie schon häufig eine Erkenntnis mit Ihrem Kopf bestätigen konnten. Aber damit wird sie noch nicht zur Erfahrung, die Sie mit Ihrem Herz aufnehmen können. Anders könnte es sich entwickeln, wenn Sie sich Zeit nehmen jetzt in die Natur zu gehen. Setzen Sie sich an einen Bach, zu einer Blume oder an einen Baum, werden Sie ganz still und hören Sie gut zu, was die Natur Ihnen über ihre Weise dazusein sagt.

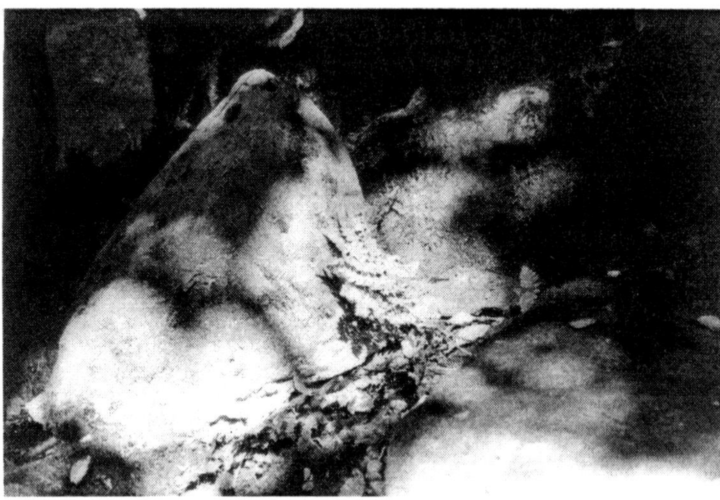

In der dröhnenden Stille
Bäuche im Gespräch.

Eine wahrhaft kosmische
Begegnung!

(12.3.98)

Das Hindernis des Bewusstseins

Unser persönliches Bewusstsein hat von allen Dingen, die es gibt, eine Vorstellung. Dazu gehört auch das Bild, das es über uns selbst hat. Es beurteilt den einen Zustand als gut den anderen als schlecht. Kennt es etwas noch nicht, beginnt es sich eine Vorstellung von dem Neuen zu machen. Diese Vorstellungen sind nur ein Abbild von Dingen wie sie wirklich sind. So ist auch unser Leben selbst, ein Leben aus zweiter Hand, aus der Hand des Bewusstseins. Es ist nicht die Wirklichkeit selbst, sondern die Vorstellung von der Wirklichkeit. Wir Menschen sind die einzigen Lebewesen mit Bewusstsein. Die Vertreibung aus dem Paradies geschah, indem Eva vom Baum der Erkenntnis den Apfel pflückte und Adam davon aß. Durch diese „Sünde" fielen sie aus dem *Eins-Sein* mit Gott in die Welt der Dualität und erlangten *Bewusst-Sein*. Sie wussten um ihre Existenz, teilten die Welt in Gut und Böse und hatten Angst, für immer in diesem Getrenntsein leben zu müssen. Diese Angst des Menschen hat sich seit Adam und Eva bis heute nicht verändert. So steht jeder von uns vor dieser Aufgabe das Getrenntsein zu überwinden, damit er nicht Halt am Materiellen und anderen Menschen sucht, sondern sich selbst zur Heimat wird.

Zum Menschwerdungsprozess gehört es, dass wir als Kinder unsere Eltern als die Glücksbringer, die göttlichen Wesen sahen, von denen unser Wohlsein abhing. Das Leben lehrte uns, unsere Projektionen auf Eltern zurücknehmen. Wir suchten andere Menschen, fanden Partner, auf die wir unsere Illusionen übertrugen und hofften, dass diese dazu in der Lage wären, alle Mängel auszugleichen. Auch hier wurden wir enttäuscht. Wir glaubten an einen Gott, der uns in verschiedenen Bildern nahegebracht wurde. Auf ihn als „Objekt" richteten wir unsere Hoffnungen für Gerechtigkeit und Frieden und Glück auf dieser Welt zu sorgen. Aber das Leid in der Welt ist nicht geringer geworden, weder im individuellen noch im gesellschaftlichen Bereich. Es sind Krankheiten, Behinderungen, Tod, Katastrophen, Kriege mit all den dazu gehörigen Nöten und Ängsten der Menschen geblieben. So müssen wir auch das Bild von einem Gott, der unsere Sorgen beseitigt revidieren.

Gott als Vaterfigur erfährt einen erneuten Wandel. Er wird

„...zum Symbol seiner Prinzipien:
Gerechtigkeit, Wahrheit und Liebe,
...zum Symbol für das Prinzip der Einheit hinter der
Mannigfaltigkeit der Erscheinungen,
zum Symbol für die Vision einer Blume,
die aus dem geistigen Samen im Menschen wächst."

(Fromm, 1980. S. 81)

Aber auch in diesem Bild bleiben Vorstellungen, Gedanken und Symbole. Es bleibt unser Bewusstsein, welches das Unfassbare, das Unsagbare greifen möchte und doch immer wieder die Erfahrung machen muss, dass dieses ein unmögliches Unterfangen ist. Viele Menschen fühlen sich dadurch von Gott allein gelassen, fühlen sich von ihm verraten und wenden sich von diesem Gott ab, auf den sie alle ihre Hoffnungen und Illusionen gerichtet hatten. Sie verlieren ihren Glauben und sind zutiefst von Gott, vom Leben *enttäuscht.* Sie wissen nicht mehr wohin sie sich wenden sollen, worin der Sinn des Lebens liegt, was Religion überhaupt bedeutet.

Der Benediktinerpater Williges Jäger (1991, S.137f) beschreibt Religion in einer für viele Menschen sicherlich ungewöhnlichen Weise, wenn er sagt:

„Religion ist die Erfahrung dessen, was ist.
Das einzusehen ist ungeheuer schwer.
Es dauert sehr, sehr lange und braucht eine
tiefe Erfahrung, bis der Mensch bereit ist,
Religion so zu verstehen."
„Der Erleuchtungszustand ist ohne jede Ichaktivität.
Es ist die Erfahrung des Lebens selber..."

Religion ist die Erfahrung dessen was ist! Genau dies reicht uns Menschen nicht. Wir wollen uns nicht zufrieden geben, mit einer derartigen „Banalität". Religion muss sich gerade vom Alltag abheben. Es muss etwas Besonderes, Außergewöhnliches sein. Sie soll ein Zufluchtsort, ein Auffangbecken sein, das all unsere Sehnsüchte und Wünsche nach Geborgenheit, Frieden, uneingeschränkter Liebe aufnimmt und erfüllt. Wohin sollen wir uns denn wenden, wenn die Religion reduziert wird auf die Erfahrung des Lebens selber? Wohin mit unseren Illusionen von einem Gott Vater der über uns wacht und uns behütet? Woher sollen wir die Kraft für unser Leben beziehen, wenn nicht aus der Religion?

Betrachten wir noch einmal unser Bewusstsein. Mit ihm können wir Menschen große Taten vollbringen und auf allen Gebieten der Technik und Wissenschaft große Erfolge verzeichnen. Und gleichzeitig ist dieses Bewusstsein die Ursache für alles Leid, für unsere *Ent-Täuschungen.* Unser Bewusstsein begreift alles Geschehene als Objekte und schafft damit eine Trennung zwischen mir und Gott, zwischen mir und dem reinen Sein.

Stechen Sie sich einen Splitter in den Finger, während Ihrer Gartenarbeit und schauen Sie sich die kleine Wunde an, dann ist der Vorgang schon längst geschehen und Ihr Bewusstsein kann nur feststellen, resümieren was und wie es geschehen konnte. Seit Adam und Eva besteht der Werdeprozess des Menschen in der Zurückerlangung des einen reinen Geistes, in dem wir wieder Eins sind mit Gott im Paradies bzw. Eins sind mit der Buddha-Natur im Nirwana. Unsere *Täuschungen* haben damit ein Ende. Wir richten unsere Aufmerksamkeit nicht mehr auf immer neue Dinge, die uns Heilserwartungen vorgaukeln.

Wie ist dies aber möglich?

Es ist der Weg der Transformation unserer Persönlichkeit in der Erfahrung im Hier und Jetzt. Das vollständige Loslassen aller Bilder und Illusionen anstatt Anhäufung exoterischen Wissens.

Im Zen heißt es:

„Der Finger der auf den Mond zeigt
ist noch nicht der Mond selber."

Unsere heiligen Bücher, unsere großen Weltreligionen sind nichts weiter als der Finger selbst. Die letztendliche Wahrheit, unsere Buddha-Natur, unsere Göttlichkeit muss in uns selbst aufgehen, wie ein Samen, der in der Erde aufgeht. Es reicht nicht aus, wenn unser Ich sich noch mehr mit gelesenen Büchern aufbläht. Wir müssen uns um die Realisierung der Wahrheit hier und jetzt bemühen.

Unser Bewusstsein erschwert diesen Weg. Es lässt durch Unterscheidungen von Gut und Böse ein leidvolles Leben entstehen. Die Überwindung des Leides und die Aufhebung des Kreislaufes von Geburt und Tod durch Buddha Shakyamuni ist die Überwindung des Bewusstseins, welches uns abhält das Tor der Wahrheit zu durchschreiten und unser Dharma zu verwirklichen. Unser Bewusstsein selbst kennt keine Gegenwart. Alle Begebenheiten sind bereits Vergangenheit, wenn das Bewusstsein sie zu begreifen sucht. Wir können nichts über die Gegenwart sagen, weil sie in sich schon abgeschlossen ist, in dem Moment, wo wir es versuchen. Wirklich Eins mit unserem Tun sein, findet ohne unser Bewusstsein statt. Waren Sie während des Zazen ganz Eins mit Ihrem Atem, ganz verschmolzen, und denken Sie, weil sie dies plötzlich spüren, das war ja wunderbar, dann ist Ihr Bewusstsein wieder eingeschaltet und nimmt diese Erfahrung wahr. Schon sind Sie nicht mehr in dem Zustand des *Eins-Seins*. Ihr *Eins-Sein* mit der Atmung wird zum Objekt Ihrer Erkenntnis. In einem solchen Moment sind Sie auch mit Ihren alten Vorstellungen da, von, dies war gut und das hätte anders sein müssen. Unser Erkennen, unser Denken darüber ist immer mit der Vergangenheit verbunden und reißt uns aus dem gegenwärtigen Augenblick.

Unser Handeln jedoch kann nicht in der Vergangenheit oder Zukunft stattfinden. Handeln ist an die Gegenwart, an das Hier und Jetzt gebunden. Jeder Gedanke hingegen von, „ich habe doch gerade...", beschreibt nur noch die Vergangenheit und ist eine Vorstellung über das, was war. Da unsere Vergangenheit voll ist von Bildern und Vorstellungen, identifizieren wir uns auch mit diesen Vorstellungen und reagieren entsprechend auf alles, was uns entgegen kommt, mit Sympathie oder Antipathie. Wir sind nicht wirklich frei und ungebunden. Sollten wir uns jetzt wünschen, davon frei zu werden, entsteht ein neues Bild über das Freiwerden. Erst wenn wir erkennen, dass die Bilder, die Vorstellungen, das Bewerten, das Beobachten wir selber sind, können wir diese trennende Distanz aufgeben und damit aufhören etwas zu tun oder nicht zu tun, wir sind selbst das Tun.

Der Vers 85 von Lao-tse (a.a.O.) lautet:

„Der Weg ist ewig ohne Tun;
Aber nichts, was ungetan bliebe."

Dieses Paradoxum können wir nicht intellektuell lösen. Es wird sich uns in seiner tiefen Wahrheit nur dann mitteilen, wenn wir uns mit unserem Herzen ganz dem Weg öffnen.

Wir müssen lernen, die Dinge so wie sie sind, ohne Einmischung unseres Bewusstseins anzunehmen, ohne Abneigung oder Zuneigung. Ein kleines Kind greift unter sich in seinen duftenden „Haufen" und probiert wie der wohl schmeckt. Unvorstellbar?! Und doch völlig frei von einengenden Vorstellungen und Einmischung. Lassen wir das Bewusstsein fallen, sind wir arm im Geiste wie es Meister Eckhart formuliert, weil unser Geist reines Sein geworden ist.

Zu Beginn des Zen-Weges ist es aber erst einmal wichtig, dass wir unser Handeln ins Bewusstsein zurückholen. Die meisten Handlungen vollziehen sich unkonzentriert, ohne dass wir sie bewusst wahrnehmen. Die fehlende Aufmerksamkeit ist zum Schaden des Menschen gerichtet, da wir Dinge verlegen und uns später nicht mehr erinnern können, wo wir den Gegenstand hinlegten. Wir verletzen uns bei der Arbeit, weil wir mit den Gedanken woanders sind und nicht angebunden an unser gegenwärtiges Tun. Nicht sorgfältige Arbeit, unkonzentriertes Autofahren können Anlass für schwere Unfälle sein. Insofern ist es ein erster Schritt auf unserem Wege, während des Zazen und des Alltags, all unser Tun in unser Bewusstsein zurückzuholen. Gelingt uns dies, können wir unser Bewusstsein in einem letzten Schritt loslassen und der Dualität entrinnen.

> *„Der Weg ist hishiryo, unbewusst, ohne Ziel,*
> *konzentriert auf die Haltung und die Atmung.*
> *So zerrinnt das Bewusstsein -*
> *automatisch, unbewusst, natürlich."*
>
> (Taisen Deshimaru-Roshi, 1982, S.13)

Wir können einen Zustand im Zazen erleben, in dem wir eins geworden sind mit unserem Koan, mit Zuisokukan oder mit Shikantaza. So hilft uns das regelmäßige Zazen, eine innere Haltung zu verwirklichen, die sich in unserem alltäglichen Tun ausweiten kann. Während des Zazen können wir unseren Geist aus der Knechtschaft des Bewusstseins befreien und alle bisherigen Illusionen, die wir vom Leben hatten abschneiden, dann erwacht unser Geist in der absoluten Gegenwart oder anders ausgedrückt, im ewigen Jetzt.

Im *Sandokai*, einer der ursprünglichen Zen-Texte von Meister Sekito Kinsen heißt es:

> *„Lenken wir unseren Schritt*
> *nach vorn,*
> *Hier und Jetzt,*
> *gibt es weder nah noch fern.*
> *Der geringste Zweifel*
> *wirft einen Abgrund auf,*
> *so tief*
> *wie zwischen Berg und Fluss".*
>
> (Taisen Deshimaru-Roshi, 1980, S.66)

Konnten wir den ersten Schritt vollziehen und befinden wir uns in einem ständigen Gewahrsein mit unserem gegenwärtigen Tun, liegt der nächste Schritt vor uns. Es ist das Loslassen der bewussten Gegenwärtigkeit in das völlige *Eins-Werden* mit unserem Tun ohne jede Subjekt-Objekt-Trennung.

Jede Handlung, die wir bewusst erleben, trennt uns noch von der wahren Tiefe des Daseins. Ist unser Handeln frei von unserer Beobachtung und dem Erkennen, so tauchen wir ein in die *„Große Leere"* der *„Fülle"*. Und dies kann nur in diesem gegenwärtigen Augenblick geschehen. Nur Hier und Jetzt können wir *Eins-Werden* mit unserer Buddha-Natur und dazu müssen wir unser Bewusstsein überwinden. Das reine Sein ist so klar und frei von jeder

Bewusstseinstätigkeit wie eine Quelle, die entspringt und erst auf ihrem weiten Weg zur Mündung von den Abwässern und Nebenflüssen verschmutzt wird.

Augen mit Tränen gefüllt

Die Welt erscheint verhüllt

Stille durchbrochen
vom Schlag des Keisaku

Ein Schleier fällt von meinen Augen.

(1.11.97)

Das Hindernis des Denkens

Das Hindernis des Denkens ist wohl eines der schwierigsten Hindernisse. Wir sind es gewohnt, uns über alles viele Gedanken zu machen. Unsere Gedanken stehen nicht still. Auch wenn wir uns zur Ruhe setzen, ins Bett legen oder Zazen praktizieren, unsere Gedanken strömen ohne Unterlass. Es ist fast so, als kämen sie insbesondere gerade dann, wenn wir uns zur Ruhe begeben und einmal in der Stille verweilen wollen. So ist auch die Klage vieler Menschen die sich der Meditation hingeben, eine Klage über ihr unaufhörliches Denken.

Wichtig ist, dass wir unser Denken unterscheiden. Es gibt das natürliche ursprüngliche Denken und das denkende Denken. Das natürliche ursprüngliche Denken ist das Denken, das aus unserem Unterbewusstsein auftaucht. Es ist vergleichbar mit unseren Sinnen, die etwas wahrnehmen und wieder loslassen, ohne das Gesehene oder Gehörte in seinem ursprünglichen Zustand zu verändern. Hören ist nur hören, sehen nur sehen!

Das natürliche ursprüngliche Denken lässt alles so, wie es ist, es macht nichts dazu. Eine Glocke ist eine Glocke, ein Stuhl ein Stuhl, Regen ist Regen, Herbst ist Herbst usw. Betrachten wir unser denkendes Denken, so können wir feststellen, dass es genau da anfängt, wo das natürliche Denken aufhört. Das heißt, wenn wir an Regen denken oder Regen sehen, beginnen wir darüber nachzudenken. Wir können denken:" Regen ist schrecklich, wir haben uns doch schönes Wetter gewünscht, ausgerechnet jetzt haben wir keinen Schirm mitgenommen, hoffentlich wird es nicht noch schlimmer oder schön, dass es endlich mal wieder regnet, der Boden war schon so trocken und den Blumen wird es besonders gut tun. Wir lassen den Regen nicht einfach Regen sein, sondern machen etwas dazu. Dieses, was wir dazu machen, steht in Zusammenhang mit unseren Vorstellungen über das, was unserer Meinung nach sein sollte. Die Beurteilung hängt auch mit unseren Erfahrungen zusammen. Hielten wir als Kinder gerne unser Gesicht in den Regen und versuchten die Tropfen mit dem Mund aufzufangen, freuen wir uns vielleicht jetzt über den Regen und sehen ihn positiv. Erlebten wir ihn damals schon als unangenehm und störend, ist die Wahrscheinlichkeit groß, dass wir uns heute auch noch über Regen ärgern. In allen Fällen fließen unsere Vorstellungen und Erfahrungen in unsere heutige Beurteilung des Regens ein und wir nehmen ihn nicht so wie er ist. Unsere Beurteilung beinhaltet eine subjektive Bewertung. Diese Bewertung führt wiederum zu einem gefühlsmäßigen Empfinden, das unsere jetzige Stimmung entscheidend beeinflusst. Wir können uns ärgern oder freuen, uns das ganze Wochenende verderben lassen oder uns mit der trockenen Erde verbinden, der das Wasser gut tut. Aber immer geht dieses Denken über das natürliche Denken hinaus, weil wir die Dinge nicht so lassen wie sie sind, sondern etwas hinzufügen. Wir müssen lernen das *Nicht-Denken* zu denken. Das ursprüngliche Denken ist wie das Kommen und Gehen unserer Bewusstseinsvorgänge ohne eigene Interpretationen und Vorstellungen. Es ist vergleichbar mit dem Aufsteigen von Luftblasen an die Oberfläche des Wassers, die sich dort auflösen und keine neuen Luftblasen aus sich heraus nach sich ziehen. Es ist das *Nicht-Denken* denken.

> *„Der weite Himmel ist nicht gestört durch das Kommen und Gehen der weißen Wolken."*

In dieser Zen-Weisheit drückt sich der Zustand unseres Bewusstseins aus. Es ist das *Hishiryo-Bewusstsein.* Auch wenn Gedanken aufsteigen bleibt unser Bewusstsein ungetrübt. Die Gedanken hinterlassen keine Spuren, so wie die Wolken auch keine Spuren am Himmel hinterlassen. Wir schauen die Welt so wie sie ist, ohne uns Gedanken über sie zu machen, ohne etwas hinzuzufügen. Das *Hishiryo-Bewusstsein* liegt somit jenseits des Denkens.

Wenn Sie einen Moment mal aufhören zu lesen, werden Sie schnell merken, wie sich ihre Gedanken in gewohnter Weise wieder in Gang setzen. Sie können wahrnehmen, wie angefüllt und überfüllt unser Alltag von Gedanken ist, die wir uns über alles und jedes machen. Vielleicht werden Sie sagen, aber es ist doch wichtig, sich Gedanken zu machen, schließlich können wir doch auch denken. Es ist richtig, wenn wir z. B. ein technisches Problem lösen wollen, ist es wichtig all unser Wissen, alles Gelernte zu aktivieren und uns Gedanken zu machen, die zu einer Lösung des Problems beitragen können. Werde ich dabei eins mit diesem Zustand des Problemlösens und nehme ich das Problem so wie es ist, ohne es abzulehnen oder zu begehren, ohne mich bewertend als Außenstehender einzumischen bleibe ich in Ruhe und Frieden. Wünsche ich mir aber das Problem vom Halse, mache ich mir einen „Kopf" über das Problem, gerate ich in Ärger und Unfrieden. Ich beschäftige mich mit Gedanken, die über das was ist hinausgehen.

Der Mensch unterscheidet sich durch die Möglichkeit des Denkens, durch sein Bewusstsein von der übrigen Natur. Unser Wissen um das Sein auf dieser Erde verdanken wir unserem Bewusstsein, unseren Gedanken, die wir uns über alles gemacht haben. So entspringt auch unser Problembewusstsein und unser Streben nach Erkenntnis unserem Denken und es ist eine Voraussetzung, um sich auf den Weg der Veränderung zu begeben.

Das Problematische an unserer Bewusstseinstätigkeit des Denkens ist aber, das unsere Gedanken die Wirklichkeit nicht so erfassen wie sie wirklich ist.

Im Shinjinmei (Taisen Deshimaru Roshi, 1979, Vers 15) heißt es:

„Selbst wenn unsere Worte genau und unsere Gedanken richtig sind, entsprechen sie doch nicht der Wirklichkeit."

Mit unseren Gedanken beschreiben wir die Dinge der Welt nur aus unserer eingeschränkten persönlichen, gesellschaftlichen, kulturellen und religiösen Sicht. Es sind die angehäuften Erfahrungen und Bilder, die wir in unserer Lebensgeschichte gesammelt haben. Wir legen von diesem Hintergrund ausgehend die Dinge fest, denen wir begegnen und können sie damit nicht mehr in ihrer Ursprünglichkeit betrachten. Wir haben ein Bild, eine feste Meinung, Prinzipien und Grundsätze, an denen wir festhalten wollen, die uns wichtig geworden sind. Damit verhindern wir aber gleichzeitig ein freies, offenes Zugehen und Annehmen von dem, was kommt. Mit unserer persönlichen Sichtweise schaffen wir auch eine Abgrenzung zu anderen Menschen, die gewohnt sind, Dinge anders zu betrachten. Hier liegt auch ein Grundstein für Feindschaft im Kontakt der Menschen untereinander.

Unsere Gedanken sind immer alt, sie gehören der Vergangenheit an. Niemand kann etwas über die Gegenwart sagen. Versuchen wir, von der Gegenwart eine Erklärung abzugeben, ist sie schon zur Vergangenheit geworden. Wenn ich meinen Blick erhebe und auf das Meer vor mir schaue, kann ich meine Gedanken in Gang setzen und sagen: „Das Blau des Meeres ist wunderbar und das Plätschern der Wellen ist eine Wohltat für meine Ohren." Diese Gedanken beschreiben aber nur das, was ich gerade erlebt habe. Sie gehören in dem Moment, wo ich sie denke schon wieder der Vergangenheit an. Mein Erleben und Handeln hingegen findet jetzt in der Gegenwart statt. Um diese Gegenwart in der Tiefe zu erleben, muss ich frei sein von alten einengenden Erfahrungen, Vorstellungen und Bildern.

Die Tiefe des gegenwärtigen, lebendigen, ursprünglichen Gewahrseins ist somit frei vom Denken. Aber wir Menschen benötigen Sicherheiten, möchten vertrautes, gewohntes behalten und uns an dem festhalten können. Wir fürchten uns vor der Gegenwart, weil die Gegenwart Leben bedeutet. Wir leben lieber aus und in der Vergangenheit, halten uns fest, an dem was war und scheuen uns in die Tiefe der momentanen Gegenwärtigkeit zu tauchen.

Es gehört in der Arbeit als Psychotherapeut zu meinen täglichen Erfahrungen, dass ich erlebe, wie sich Menschen an Situationen und anderen Menschen festhalten wollen, obwohl diese nicht mehr existieren. Ihr Denken über das was sein könnte, wird zu einem Gedankeninhalt, um das sich das weitere Denken rankt. Es produziert eine große

Angst, die durch weiteres Denken aufrechterhalten wird und ein Loslassen von dem Vergangenem verhindert.

Ein anderer Aspekt des Denken ist, dass unser *sich-Gedanken-machen,* uns sofort aus dem *Eins-Sein* in ein *Getrennt-Sein* führt, denn es schafft ein denkendes Wesen, nämlich den der denkt und einen Inhalt über was dieser Mensch nachdenkt. So sind wir wieder gefangen in unserem Tun, das uns von unserer Buddha-Natur, unserer Göttlichkeit trennt.

Unsere gemachten Erfahrungen gehören der Vergangenheit an!

Wenn Sie diesen Gedanken nicht mehr nachgehen, verschwinden sie und damit alle Gedanken, die an die Vergangenheit gebunden sind. Lassen Sie auch Ihr Verlangen los, die Zukunft zu erforschen und überlassen Sie sich nicht mehr Ihrer Fantasie, entschwindet Ihr zukünftiges Denken mit all seinen Vorstellungen über das was sein könnte.

In der Gegenwart zu leben bedeutet *Eins-Sein* mit den Dingen und die Getrenntheit aufzuheben. Harada Sekkei sagte immer:

„Die Gegenwart geht über Wissen und Nicht-Wissen hinaus."

Zazen hilft uns in die Gegenwart einzutauchen und die Dualität, die durch unser Denken entsteht, aufzuheben. So bleibt nur noch Hishiryo-Bewusstsein, das *Nicht-Denken* denken.

Die Haut wird nass
unter seinem Hemd.
Nirgends ein Unterstand.

Er lächelt.

(7.9.95)

Das Hindernis des Anhaftens

„Nehmt lieber Bildung an als Silber,
lieber Verständnis als erlesenes Gold!
Ja Weisheit übertrifft die Perlen an Wert,
keine kostbaren Steine kommen ihr gleich."

(Die Bibel, 1996, Sprichwörter 10 und 11)

Ich möchte nicht näher auf die uns bekannte Weise des Anhaftens an materielle Güter eingehen. Die zitierten Sprichwörter sind deutlich genug. Verdeutlichen möchte ich, wie wir mit unserem Bewusstsein anhaften.

Auf der körperlichen Ebene gibt es eine Unzahl von Leben-Tod-Leben-Vorgängen, über die wir uns sonderlich keine Gedanken machen. Dazu gehört u.a. die Atmung mit dem Austausch von Sauerstoff und Kohlendioxid, der gesamte Stoffwechsel mit der Erneuerung der Zellen, das Wachstum und Schneiden der Finger- und Fußnägel und die Aufnahme von Nahrung und das Ausscheiden von unverdaubaren Resten. Niemand käme auf die Idee, diesen Prozess abzubrechen, der doch von der Natur aus so sinnvoll angelegt ist. Es ist die Harmonie von „Stirb und Werde", wie Dürckheim es genannt hat, die uns gesund bleiben lässt. Ganz anders als auf der körperlichen verhält es sich aber nun mit dem Leben-Tod-Leben-Rhythmus auf der geistigen Ebene. Hier halten wir im großen Maße einmal aufgenommene Gedanken, Vorstellungen, Grundsätze fest. Dies machen wir auch dann noch, wenn sie uns spürbar schaden und uns schlecht bekommen. Stellen Sie sich bitte noch einmal vor, Sie würden zu dem Schluss kommen, ich will nichts mehr ausscheiden. Und weil dem so ist, behalten Sie alle einmal aufgenommene Nahrung in Ihrem Körper und stoppen ab sofort Ihre Verdauung. Eine völlig abwegige, um nicht zu sagen lächerliche Idee. Wollten Sie den neuen Entschluss dennoch umsetzen, würde dies nach einiger Zeit zu erheblichen Bauchbeschwerden führen und Ihr Darm würde Sie drängen, das Ganze noch einmal zu überdenken, mit dem Hinweis, sich doch lieber auf die Toilette zu setzen und sich dem Loslassen hinzugeben.

Auf der körperlichen Ebene geschieht das Aufnehmen, Unterscheiden, Verwerten und Ausscheiden weitgehend autonom und ist uns so selbstverständlich, dass uns dieses Beispiel schon etwas abwegig vorkommt. Übertragen wir das Gesagte auf die geistige Ebene würde dies bedeuten, alles einmal Aufgenommene behalten wir in uns und stoppen den Prozess der kritischen Auseinandersetzung, der geistigen Verwertung bis hin zum Festhalten und Einmotten von alten überholten Vorstellungen. Vielleicht, sagen Sie etwas vorschnell: „Aber das würde doch kein vernünftiger Mensch tun." Eigentlich sollten Sie Recht haben, aber die Realität sieht anders aus. Viele Menschen stoppen den Prozess der geistigen Auseinandersetzung auf Dauer und zwar schon sehr früh in ihrem Leben. Und genau dies geschieht tagtäglich. Wäre dies nicht so, könnte mein Berufsstand im Großen und Ganzen seine Türen schließen. In weitreichenden, unser Leben bestimmenden Punkten halten wir an altem *„Gedanken-gut"*, besser wäre *„Gedankenschlecht"* fest. Dies ist auch dann der Fall, wenn Menschen unter ihren eigenen Gedanken und Vorstellungen leiden und sogar daran lebensbedrohlich krank werden. Wie kann dies geschehen?

Drewermann nannte es einmal:

„Die erste Hölle, in die wir gestoßen werden,
bereiten Menschen anderen Menschen..."

(Bd. I, 1989, S.37)

Das heißt, wir nehmen in unserem Elternhaus ein bedeutendes geistiges Bild über uns auf, welches bis ins hohe Alter Menschen unfrei sein lässt und verhindert, das wir zu uns selbst finden. Als Kinder, die sich nicht vor der Be- und Verurteilung der Eltern schützen können, saugen wir das Gesagte auf und sehen uns im Laufe der Zeit mit den gleichen Augen. Sätze wie: „Aus dir kann ja nichts werden!", „Schön, dass du so ein braves Mädchen bist!", „Wenn du nicht gewesen wärst, hätte ich mein Leben anders gestalten können!", „Wie kann man nur immer so ungeschickt sein!" oder „Du bist genau wie Onkel Adolf!" und „Du bist unsere ganze Hoffnung!", sind gefährliche Antreiber und Bremser, wie sie in der Transaktionsanalyse genannt werden, die tödlich für eine freiheitliche unbeschwerte Lebensweise sind. Negative wie positive *Festlegungen,* welche die gesamte Persönlichkeit betreffen, damit ist nicht ein Lob oder eine Kritik gemeint, welche sich auf eine konkrete Situation bezieht, ziehen uns als Kinder in die ausgesprochene Richtung und *legen uns fest.* Wir besitzen keine freie Entwicklungsmöglichkeit mehr, die unserem Wesen genügend Raum gibt.

Sie könnten diese Art der Festlegungen sicherlich auch in Ihrem Leben finden, wenn Sie sich die Mühe machen würden, darüber Erkenntnis zu finden. Wenn wir geistig starr in der beschriebenen Weise sind, was wie gesagt, sich auch auf die Dinge über das Leben selbst bezieht, müssten wir lernen können, genau wie auf der körperlichen Ebene, im Rahmen des Leben-Tod-Leben-Rhythmus, all jenes los- und sterben zu lassen, was uns beeinträchtigt und daran hindert unsere eigene Wesensnatur zu entfalten. Dies bedeutet, dass wir die Antreiber und Bremser entlarven und als *„geistigen Müll"* erkennen müssen, der uns davon abhält, der Mensch zu werden, der wir wirklich sind. Ist uns dies bewusst, können wir sie loslassen. Dazu bedarf es einer Offenheit, uns selbst gegenüber. Ins Unterbewusstsein gedrängte Gedanken, Einstellungen und Gefühle verschwinden dort nicht von alleine, sondern wirken im Dunkeln nur noch ärger. Obwohl niemand daran glaubt, dass Schmutz und Abfall, den wir in die Ecke kehren, sich von selbst beseitigt, sondern an zu faulen und zu stinken fängt, glauben viele Menschen, dass in die Ecke gekehrte schmerzliche Erfahrungen und Erlebnisse sich von ganz allein auflösen.

Ist dies nicht ein Zeichen dafür, dass wir mit vielen Dingen, die uns betroffen machten nichts mehr zu tun haben wollen? Wir halten an dieser Stelle fest und binden unsere emotionale Energie. Wir werden starr und steif, verhindern unseren Wachstumsprozess und kommen nicht in Frieden mit uns. Unser Herz bleibt verletzt und voller Unrat, von dem wir es sich nicht befreien lassen.

Was hält den Menschen fest und wie hält der Mensch sich fest?

Es ist die Angst, die den Menschen umtreibt. Wir halten lieber an dem Alten fest, aus Angst davor was uns das Neue bescheren könnte. Ob es schwere Traumata oder nicht so schwerwiegende seelische Verletzungen sind, wir möchten mit dem nichts mehr zu tun haben. Wir unterdrücken damit zusammenhängende Gefühle und verdrängen sie. Damit haften wir an unerledigten Situationen und ungeklärten Gefühlszuständen. Und doch möchten wir zum verheißungsvollen anderen Ufer, welches uns Freiheit und inneren Frieden verspricht.

Unser Anhaften hat neben dem Beschriebenen und dem Anhaften an materiellen Dingen noch eine andere Komponente. Es ist das Anhaften an den Seinszuständen, die uns freudig stimmen, uns glücklich machen. Hat der Mensch einmal eine gute Zeit, möchte er diese auch möglichst lang genießen können. Er denkt dann häufig schon an das, was nachher kommen könnte und beginnt umso mehr alles dafür zu tun, den jetzigen Zustand aufrechtzuerhalten. Und genau in dem Moment, in dem der Mensch daran denkt, es könnte sich etwas verändern und dass er dies nicht will, ist es schon vorbei mit dem guten Gefühl. Dieser Wermutstropfen verdirbt den Geschmack und das Glück.

Das Anhaften bindet uns mit seiner Energie an einen Zustand, der schon verloren ist und schafft damit neues Leid. Wir sind unzufrieden mit den Umständen oder den Menschen, die scheinbar die Schuld an allem haben. Vielleicht sind wir auch ärgerlich auf uns selber, dass wir es immer noch nicht richtig verstehen, einen Zustand des Gutgestimmtseins beizubehalten. Bei manchen Menschen führt dies so weit, dass sie nicht einmal einen freudigen Zustand aufkommen lassen und sich diesem nicht hingeben wollen, da er doch zu rasch sich wieder auflösen könnte.

Der Zen-Weg lehrt uns frei zu werden vom Anhaften und offen und weit zu sein wie der Himmel. Wir verschließen uns augenblicklich dem Gegenwärtigen, wenn wir einer Sache oder einem Zustand anhaften. Auch während des Zazen begegnen wir dem Anhaften. Das Bewusstwerden der eigenen guten Verfassung oder der dauerhaften Konzentration führt schnell dazu, diesen Zustand bewusst beibehalten zu wollen. Wir könnten darin unseren Fortschritt erkennen und fühlen uns vielleicht geschmeichelt. Und wieder sind wir dem Anhaften erlegen, das uns hinausführt aus dem Fluss des Augenblicks.

Ich möchte Ihnen noch eine kleine Zen-Geschichte erzählen, die der eine oder andere von Ihnen sicherlich schon mal gehört hat und die das innere Anhaften sehr schön verdeutlicht:

„Zwei Zenmönche gehen von einem Kloster zu einem anderen. Der tagelange Regen hatte einen Bach zu einem Fluss anschwellen lassen und die Brücke, die über ihn führte fortgespült. Ein junge Frau stand an dieser Stelle

und wusste nicht wie sie den Fluss überqueren sollte. Einer der Mönche bot sich an, sie über den Fluss zu tragen. Nachdem er dies getan hatte, setzten die beiden Mönche ihren Weg fort. Es verging eine ganze Zeit und noch eine lange Weile, bis der andere Mönch das Schweigen brach und sagte: „Du kennst doch unser Gelübde und weißt, wie gefährlich es ist sich Frauen zu nähern. Wie passt es dazu, dass du dich diesem schönen Mädchen nicht nur genähert, sondern es auch noch ganz auf die Arme genommen

hast?" Da erwiderte der Angesprochene: „Ich habe das Mädchen am anderen Ufer abgesetzt, trägst du sie jetzt noch mit dir herum?"

Wenn Sie sich Zeit nehmen und sich in Ihrem Alltag beobachten, werden Sie erkennen können an wie vielen Stellen Sie noch an dem Alten, an dem Vergangenen haften und es nicht losgelassen haben. Das Hindernis des Anhaftens hält uns davon ab, in die Gegenwart einzutauchen. Wenden wir uns hingegen voll und ganz dem Nächstliegenden zu, öffnet sich die Tür zum gegenwärtigen Augenblick und das Anhaften löst sich auf.

Meine Schritte im Garten.
Ein Frosch springt in den Teich.

Platsch!

(21.09.97)

Das Hindernis des Wollens

Wir Menschen möchten keine Schwierigkeiten mit denen wir uns auseinandersetzen müssen und gehen Problemen lieber aus dem Weg. Wir versuchen alles zu erreichen, damit unser Leben in ruhigen Bahnen verlaufen kann und versuchen alles, um Einfluss auf die Bedingungen auszuüben, die sich auf unser Leben auswirken. Wir wollen unser Leben möglichst in allen Bereichen kontrollieren. Ob dies unsere eigenen Gefühle sind, die Gefühle unserer Partner oder unserer Kinder, wichtig ist vorausschauen zu können, damit alles planmäßig verläuft und nichts Unvorhergesehenes eintritt. Einfluss nehmen und so weit es geht, keine unkontrollierbaren Entwicklungen auftreten lassen, gehört zum Wollen des Menschen. Konflikt- und Problemvermeidung prägen unseren Alltag. Sätze wie: „Jetzt mach mal nur kein Problem daraus.", „Aber mein Schatz, das ist doch schon so lange her, das bringt doch nichts, in der Vergangenheit zu wühlen.", „Hoffentlich kommt uns nichts dazwischen, ich möchte einfach nur genießen.", sprechen da für sich. Die Bücherregale sind voll mit Literatur, die über einfache Rezepte dem Menschen vorgaukeln, dass er nur das Richtige wollen und sich mental darauf einstellen muss, damit sich seine Probleme auflösen können.

In diese Welt des Jung-Seins, Unbeschwert-Seins und der Leichtigkeit passen weder Krankheit, Alter, Behinderung, Rinderwahnsinn, AIDS, Ozonloch noch Verschmutzung der Lebensräume für Mensch und Tier. Kriege stören nur, in der doch sonst so „heilen Welt". Wir wollen all dies nicht und jeder mag versuchen, sich es möglichst gemütlich einzurichten. In uns gibt es einen Teil, der uns weiszumachen glaubt, dass wir es nur richtig anstellen und uns kräftig bemühen müssen damit unsere Welt in Ordnung kommt und das Glück uns zu Füßen liegt. Jeder wird seine

Erfahrungen damit gemacht haben und es wird keiner dabei sein, dem dieses Unterfangen völlig geglückt ist und sei es nur, dass er gespürt hat, dass man auch mit noch so viel Geld sich keine Liebe und Gesundheit erkaufen kann oder dass wir keinen Schlaf erzwingen können. All die Erkenntnisse müssten ausreichen, um zu der Einsicht zu kommen, dass der Einfluss unseres Willens begrenzt ist und es Bereiche gibt, wo die Dinge nun mal so sind wie sie sind und wir sie nicht nach unserem Gutdünken zurechtbiegen können.

Die Polarität der Welt schließt auch immer die Rückseite der Medaille mit ein. Zum Tag gehört die Nacht, zum Licht die Dunkelheit, zur Liebe der Hass, zur Gesundheit die Krankheit, zur Lust der Frust und zum Berg das Tal, wie der Regen zur Sonne. Es liegt deshalb nahe, für sich eine veränderte Seinsweise zu finden, mit der wir dem, was sich unserem Wollen entzieht, neu begegnen können. Unser Ich bedarf hinsichtlich seiner Omnipotenzfantasien eine Korrektur. Durch unser Wollen sind wir bemüht, Lebensthemen, Lebenserfahrungen von vornherein aus unserem Leben auszuschließen. Unser Denken, unser Planen und Handeln ist einzig zielgerichtet und es fehlt die Offenheit, Dinge die uns begegnen offen auf- und anzunehmen.

Dem Wollen steht das Geschehenlassen gegenüber. Geschehenlassen hat keinesfalls mit Nichtstun oder Gleichgültigkeit zu tun. Schauen wir in die Natur, dann ist auf wunderbare Weise sichtbar, wie jeder Samen, jedes Blümlein, jeder Baum sich voll und ganz in sein Wachstum hineinbegibt. Sie sind frei von Zaudern, Wollen aber auch Nicht-Wollen. Alle Dinge der Natur geben ihr Bestes, gleich welche Wachstumsbedingungen auch vorhanden sind. Keine Blumenzwiebel macht sich Gedanken über die Möglichkeit eines sinnvollen oder weniger sinnvollen Wachstumsprozesses. Sie wachsen entsprechend der Boden- und Witterungsbedingungen ohne jede Zögerlichkeit, sollten sie dabei erblühen in all ihrer Pracht oder frühzeitig verwelken. Sie lassen sich voll und ganz ein und bringen all ihre Anlagen, ihre innewohnenden Kräfte in das neue Werden hinein. Wir Menschen haben nicht genügend Vertrauen uns auf dieses Geschehen einzulassen. Wir brauchen mehr Sicherheiten und eine klare Richtung in der die Entwicklung gehen soll. Dazu kommt die Kalkulation über den Wert, den Sinn und die Effektivität dessen, was wir tun wollen. Etwas was einfach so auf uns zukommt ohne, dass wir es erkennen und abschätzen können macht uns unruhig, nervös und ängstlich. Wir trauen dem Leben nicht und versuchen deshalb alles in der Hand zu haben. Wie viele Menschen verpassen wichtige Momente in ihrem Leben, lassen ihr Glück vorbeiziehen, weil sie zu zögerlich, zu abwartend und ängstlich sind.

Ich möchte an dieser Stelle auf einen weiteren Aspekt des Wollens zu sprechen kommen. Es ist das Sein-wollen-wie... Als Kinder haben wir schon früh die Erfahrung gemacht, uns in Konkurrenz zu anderen Kindern zu sehen oder wir sind von außen in Vergleich gesetzt worden und mussten mehr oder weniger freiwillig nacheifern bzw. in einen Wettbewerb mit anderen Menschen eintreten. Dieses Erleben in der Familie, im Kindergarten, im Freundeskreis, in der Schule, im Studium, im Berufsleben und in der Partnerschaft ist derartig manifest geworden und hat sich tief ins Unterbewusstsein eingenistet, dass es kaum möglich ist, es in all seinen Facetten wahrzunehmen oder gar abzustreifen. Wir vergleichen ständig was wir sind, mit dem, was wir sein sollten. Ob es sich dabei um unrealistische Fantasien handelt, die wir verwirklichen wollen oder um konkrete Menschen, denen wir nacheifern. Dabei ist es nichts anderes als zu unseren Teenagerzeiten, nur mit einer anderen Besetzung unserer Vorbilder. Es kann der direkte Nachbar sein, mit dem wir um den schönsten Garten ringen oder unser spirituelles Vorbild sein, dem wir gleich werden wollen. Immer ist es ein Kampf, der mich abbringt von dem was wirklich wichtig ist.

Dieses Sein-wollen-wie... ist dermaßen energieaufzehrend und verblendend, dass es unser eigenes So-Sein vernebelt. Ein Mondo zwischen Baso und Meister Seigan Nangaku macht dies verständlich:

> *„Baso übte gerade Zazen, als sein Meister ihn fragte:*
> *„Was machst du da?"*
> *„Ich übe Zazen."*
> *„Wie kommst du darauf? Warum übst du Zazen?"*
> *„Ich möchte Buddha werden."*
> *Daraufhin nahm der Meister einen Dachziegel (in Japan sind die Dachziegel nicht rot, sondern schwarz) und begann, ihn zu polieren. Baso fragte:*
> *„Meister, was habt Ihr vor? Was tut Ihr da? Warum poliert Ihr diesen Ziegel?"*
> *„Ich möchte einen Spiegel daraus machen!"*
> *„Wie kann man aus einem Ziegel einen Spiegel machen?", fragte Baso. Nangaku antwortete:*
> *„Wie ist es möglich, durch Zazen Buddha zu werden?"*
> (Taisen Deshimaru-Roshi, 1979, S.33)

Das ständige sich vergleichen mit anderen Menschen ist auch eines der Gründe für die Feindseligkeit in dieser Welt. Das *Mehr-haben-wollen* und *Mehr-sein-wollen* spielt eine dominante Rolle und ist dabei gleichzeitig der Tod für unsere Freiheit. Die Konkurrenz und das Nacheifern macht uns abhängig von anderen und bindet uns gleichzeitig an Vorstellungen, Ideen und Ideologien. Unser Geist ist nicht mehr frei, sondern gebunden. Unser So-Sein hat nicht mehr die Berechtigung aus sich selbst heraus, sondern domestiziert sich im Vergleich zu anderen.

Diesen Konflikt können wir nur auflösen, wenn wir mit aller Intensität unseres Daseins zurückkommen zum gegenwärtigen Augenblick in das Gewahrsein von dem, was ist. Denn in dem, was ist, gibt es keinen Vergleich mehr, kein Nacheifern und kein Wollen. Wir sind in Kontakt mit uns, sind offen für das, was sich in uns ausdrücken möchte. Es ist ein Vertrauen in die Buddha-Natur, in die göttliche Führung.

Betrachten wir noch einmal die Blumenzwiebel und den Samen, dann ist ganz deutlich sichtbar, dass beide an sich glauben und davon überzeugt sind, dass dies, was auf sie zukommt, schon richtig und gut sein wird. Nur durch dieses Vertrauen können sie sich unbekümmert auf das, was kommt, einlassen und ihre eigene Natur verwirklichen. Die verschiedenen Erscheinungsformen der Natur sind eins mit sich selbst und der Gesamtheit der Natur. In dieser Verbundenheit ist Loslassen und Geschehenlassen möglich und ein Wollen erübrigt sich. Wir müssen uns dann nicht mehr irgendwo hinentwickeln, etwas erreichen.

Das Wollen aufgeben ist aber auch leichter gesagt als getan. Allein mit dieser Absicht befinden wir uns gleich wieder in einem neuen Wollen, auch wenn es uns diesmal als eine sinnvolle Sache vorkommt. Wollen ist immer zielgerichtet. Wir wollen etwas erreichen. Wir wollen auf dem Zen-Weg vorwärtskommen. Wir wollen verständige und gute Schüler sein.

Der Weg dahin, das Wollen loszulassen ist das Gewahrwerden von dem, was ist, ohne die Einmischung durch unsere Gedanken. Ich mache mein Wollen dabei nicht zum Gegenstand der Betrachtung, um ihm mit Abneigung oder Zuneigung zu begegnen. Das Gewahrwerden von dem, was ist, bedeutet ledig sein von dem Wunsch, das Wollen loszuwerden oder von seiner Ursache befreit zu sein. Erst in diesem absichtslosen Gewahrwerden heben sich Wollen und Nichtwollen auf.

Schauen wir zu den weißen Wolken am blauen Himmel, können wir auch von ihnen lernen unser Wollen loszulassen. Die Wolken wollen nicht nach Norden, wenn der Wind aus dieser Richtung bläst. Sie fügen sich in die kosmische Ordnung und hegen keine Wünsche, die durch egoistisches Wollen geprägt sind. In unserer materiell orientierten Welt nehmen Absichten und Streben nach Erfolg und Wohlstand einen wichtigen Platz ein. Um so schwerer ist es für uns, auf der spirituellen Ebene erkennen zu müssen, dass nicht ehrgeiziges Wollen uns weiterbringt, sondern nur ein absichtsloses Tun, in dem wir gleichzeitig unser Bestes geben.

Sind wir neu auf dem Wege des Zen, dann wollen wir viel wissen, möchten vorwärts kommen, alles hinter uns lassen, was uns bisher im Leben gestört hat. Es kann uns nicht schnell genug gehen und wenn wir etwas nicht erklärt bekommen oder den Sinn nicht verstanden haben, hängen wir mit unseren Gedanken daran fest, um es zu verstehen. Wir sind voll von einem unbändigen Wollen des Ichs, das dadurch zu einem mächtigen Hindernis auf unserem Weg wird. Unseren Fortschritt können wir nicht über unser Kopf-Wissen vorantreiben. Verstehen der Essenz des Zen geht nur über den Weg der Erfahrung und dazu müssen wir ganz tief eintauchen in unser Herz, damit sich die Weisheit des Herzens offenbaren kann.

Es ist schon alles da, unser Zustand ist in sich schon vollkommen, auch wenn wir es nicht erkennen. Und so können wir nur Eins werden mit unserer Buddha-Natur, wenn wir völlig absichtslos, ohne Gewinnstreben und ohne Ziel Zazen sitzen und unseren Alltag leben.

Während eines Sesshin erzählte der Zen-Priester Yasusada Seki folgende Geschichte.

Ein Zenmönch forderte seinen Meister auf:
„Zeige mir die Buddha-Lehre!"

„Ich kann sie dir nicht zeigen, sie ist in meinem Herzen,"
erwiderte der Meister.
Da zog der Mönch ein Messer und wollte auf ihn los.
Der Meister antworte ganz ruhig:
„In jedem Jahr blühen im Frühling die Kirschblüten
in den Bergen. Gehe hin, zerschneide einen Baum und
suche nach dem, was den Baum zum Blühen bringt."

Ruhend
und doch
voller Lebendigkeit
liegt der Stein schwer im Kiesbeet.

Ein Vogel trällert!

(29.5.97)

Das Hindernis des Verschiebens

Es ist wie eine Seuche in unserer Gesellschaft. Unzählige Menschen verschieben ihr Leben auf das Wochenende, auf den Urlaub. Sie verbinden diese dann kommende Zeit mit Unabhängigkeit, Freiheit, Wohlfühlen und Glück. Ich frage mich, was ist mit der übrigen Zeit, in der diese Menschen leben? Leben sie dann oder sind sie schon mehr steif, starr und Tod? Wie viele Wochenenden hat das Jahr, wie viele Urlaubstage gewährt uns der Arbeitgeber? Wie viele Stunden bleiben in dieser Zeit übrig, in denen der Mensch wirklich wach und frei ist, ohne Verpflichtungen mit Kochen, Einkaufen, Fahren, Kinder beaufsichtigen, Schlafen und, und, und? Seit langen Jahren kenne ich eine Frau um die 60 Jahre, die sich ebenso verhielt. Sie schob das wirkliche bewusste tägliche Leben vor sich her und wusste auch gar nicht so recht, was wirkliches Leben überhaupt war. Sie erkrankte an Krebs, musste ihren Beruf aufgeben, ihre große Wohnung, ihre finanziellen Mittel schränkten ihren Lebensstil ein. Sie wurde operiert, behandelt, verlor ihre Gesundheit, ihre Haare und begann zu LEBEN. Sie lesen richtig. All die schmerzvollen, beängstigenden, leidvollen Erfahrungen führten dazu, das Leben nicht mehr hinauszuschieben und halbherzig zu leben, sondern im Hier und Jetzt, voll und ganz anwesend zu sein. Sie konnte sich öffnen für den Moment, für ihr gegenwärtiges So-Sein, für ihr Leid und ihre Freude. Ob sie ganz gesund ist oder sich Metastasen bilden, wie lange sie noch lebt? Sie ist im Augenblick angekommen und der dauert ewig, ohne etwas zurückweisen zu wollen, ohne etwas anders haben zu wollen; wozu also diese Frage? Müssen wir auch erst krank werden, müssen wir erst das Schicksal herausfordern, bis es uns mit der Nase auf das stößt, worauf es ankommt? Und ob wir es dann wirklich verstehen? Es gibt kein Leben in der Zukunft. Das Leben findet jetzt in diesem Augenblick statt, und so reiht sich ein Augenblick an den nächsten bis in alle Ewigkeit. Denken Sie an Ihr Gefühl, das Sie bei den letzten gelesenen Sätzen hatten, dann stecken Sie schon in der Vergangenheit. Mit jedem Gedanken über das Jetzt sind sie schon nicht mehr in der Gegenwart. Die Gegenwart lässt sich nicht denken, sie lässt sich nur leben. Die Zukunft lässt sich nicht leben nur denken. Es kann schön sein zu träumen von den Dingen, die alle geschehen sollten, aber bitte, es ist nur ein Traum. Hier und Jetzt schlägt Ihr Herz, atmen Ihre Lungen, sehen Ihre Augen, hören Ihre Ohren, riecht Ihre Nase, schmeckt Ihre Zunge und berühren Ihre Hände. Unser Leib mit all seinen Sinnesorganen lebt nur in der Gegenwart, im jetzigen Augenblick, auch wenn er eine jahrzehntelange Vergangenheit hat. Wir können nur jetzt weinen, lachen, frieren, essen und lieben. Erinnern können wir uns an gestern, wie schön es doch war. Aber es bleibt eine Erinnerung. Es ist auch möglich in die Zukunft hineinzugehen und sich vorzustellen, wie es ist, einen lieben Freund am Wochenende wiederzusehen. Aber erfahren, in den Arm nehmen, seine Stimme hören, ihn sehen kann ich erst, wenn er mir gegenübersteht. Vielleicht putzen wir jetzt noch das Haus und wir sind voller Ärger über diese immer wiederkehrende Arbeit. Aber genau dies ist im Moment unsere Realität, das Waschbecken, die Toilette zu säubern und das Geschirr wegzuspülen. Wir nehmen diese Realität nicht an, sind missmutig, hätten am liebsten schon alles fertig, wünschen uns das Wochenende herbei. Und schon sind wir wieder bei der Krankheit, die wir uns ins *innere Haus* geholt haben, die *ich-wollte-es-wäre-schon-das-Wochenende-Krankheit.* Was hat diese Krankheit für Auswirkungen? Sie bewirkt, dass wir missmutig, ärgerlich, frustriert, launisch, verzweifelt, depressiv sind und häufig auch ungehalten gegenüber anderen Menschen. Sie verdirbt uns regelrecht den Tag, bzw. den Feierabend. Die Realität bleibt wie sie ist; das Waschbecken, die Toilette sind schmutzig und das Geschirr ist ungewaschen. Wir putzen und räumen weiterhin auf, nur mit einer völlig schlechten Stimmung. Und genau hier liegt der Punkt an dem wir etwas verändern können. Ein kleines Kind gibt aus seinem Weltbild heraus dem Tisch die Schuld, wenn es sich daran stößt und ist wütend über die Teppichkante, über die es stolpert. Und wir? Wenn wir es in diesem Punkt nicht genau wie die Kinder machen wollen, müssen wir an unserer inneren Einstellung, an unserer emotionalen Reaktion auf die Dinge, die uns entgegenkommen, wie z.B. die ungeputzte Wohnung, etwas ändern. Nur wenn das gegenwärtige Tun, was immer es auch sei mit innerer Freude und Gelassenheit getan wird, dann ist es möglich, jeden Tag, die ganze Woche und das ganze Jahr in Zufriedenheit und Freude zu leben. Unser Leid entsteht und bleibt, wenn wir Tätigkeiten unterschiedlich bewerten und ihnen aufgrund der Bewertung von mag ich sehr gern, bis find ich überaus gräßlich, mit einer derartigen emotionalen Einstellung begegnen. Mit einer solchen Einstellung bringen wir uns um wesentliche Teile des Lebens. Wünschen wir im Leben nur das Große, das Besondere, dann sehen wir nicht die kleinen Blumen am Wegesrand. Es ist, als würde ein Mensch Zazen sitzen und immer auf die große Erfahrung warten, ein besonderes Erlebnis oder die Erleuchtung. Dabei versäumt er ganz, was Jetzt ist.

Zen ist Alltagsgeist, d.h. es geht um unsere geistige Haltung bei unseren alltäglichen Pflichten und Aufgaben. Wie häufig besitzen Menschen die Einstellung, dass sie ihre Arbeiten erledigen *„müssen“* und verbinden damit den Wunsch, sie möglichst schnell hinter sich zu bringen. Ein solches Tun verhindert, die Arbeit mit ganzem Herzen und mit völliger Hingabe auszuführen.

Wir können an uns oder anderen feststellen, wie lustlos viele ihre Aufgaben bewerkstelligen. Sie empfinden sogar Groll gegenüber ihrem Tun. Dies führt zwangsläufig zu einer inneren Spannung und Unfrieden. Eine solche Haltung hat nur noch sehr wenig mit der *„fröhlichen Gegenwärtigkeit"* zu tun, die Meister Eckhart (a.a.O.) beschreibt. Nur wenn wir in allem unser Bestes geben und voll und ganz die aufgetragene Arbeit annehmen, führt dies zu Zufriedenheit und Glück. Ich habe im Zen-Kloster Hosshinji erlebt, wie eine Nonne die Toiletten während eines Sesshin säuberte, die über 60 Personen benutzten. Es war eines der nachhaltigsten und beeindruckendsten Erlebnisse für mich, weil sie in ihrer Haltung eine derartige Achtung und Liebe gegenüber den Utensilien und der Arbeit verkörperte, in der Art, wie der Abt Harada Sekkei Roshi Sampai vor dem Altar ausführte.

Der Weg des Zen kann uns zu dieser Seins-Weise führen. Dazu ein Mondo, das es in vielen Variationen gibt, im Inhalt aber die gleiche Aussage hat:

> *„Ein Mann möchte über die Lehre des Zen mehr in Erfahrung bringen und macht sich auf, zu einem alten Zenmeister. Diesen fragt er:*
> *„Ich habe gehört, dass Sie mit der Welt und sich völlig in Einklang und Frieden leben, wie kann dies geschehen?"*
> *Der Meister antwortet:*
> *„Wenn ich esse, dann esse ich, wenn ich arbeite, dann arbeite ich und wenn ich schlafe, dann schlafe ich."*
> *Da antwortet der Mann: „Dies ist nichts Besonderes, das tue ich auch, aber ich bin dabei unglücklich und verzagt."*
> *Da erwidert der alte Zen-Meister:*
> *„Der Unterschied zwischen deinem und meinem Tun ist, wenn du isst, denkst du schon an die nächste Arbeit, wenn du arbeitest denkst du schon an den Feierabend und wenn du schläfst, bist du mit deinen Gedanken schon beim nächsten Tag."*

Wir müssen uns also an den gegenwärtigen Moment anschließen und dabei voll und ganz mit unserem Tun Einswerden. Dabei ist es notwendig, uns jeder Bewertung der Arbeit zu enthalten. Denn gerade die Bewertung der Arbeit als Störung, als Hindernis, als Ärgernis, als Unzumutbarkeit, als Last, als unwürdig, führt dazu, dass wir das Gegenwärtige verschieben wollen, eine andere Beschäftigung wünschen oder uns den Zustand *„ich-habe-es-Gott-sei-dank-schon-hinter-mich-gebracht"* herbeisehnen. Da der Alltag uns aus seinen Verpflichtungen aber nicht entlässt, versuchen wir Menschen unsere Wünsche, Hoffnungen und Illusionen vom Leben in den Feierabend, das Wochenende, den Urlaub oder gar ins Rentenalter zu verlagern, damit dann das Leben endlich genossen werden kann. Unser Leben findet *Jetzt und Hier, in diesem Augenblick* statt, gleich wo wir uns auch immer befinden mögen. Deshalb müssen wir lernen, das Hindernis, unser Leben auf später einmal zu verschieben, aufzulösen, nicht nur, weil wir nicht wissen, ob wir es jemals erleben, sondern, weil eine tiefe Befriedigung nur möglich wird, wenn wir in der absoluten Gegenwart unser Sein verwirklichen.

Stellen Sie sich das doch bitte einmal vor, Sie könnten jedes Tun und jeden noch so kleinen Augenblick voll und ganz genießen. Wäre das nicht wunderbar?

Das Bobycar kracht vor die Bordsteinkante.
Dicke Tränen kullern über das Gesicht des kleinen Jungen.
Er hält sein blutendes Knie.

Liebevolle Mutterhände spenden Trost!

(25.3.97)

Das Hindernis der Distanzierung zum eigenen Problem

Keiner von uns möchte krank werden, sein Kind oder seinen Partner verlieren, ohne Arbeit dastehen, Krieg erleben, sterben, von den Mitmenschen ausgestoßen sein. Und doch gehört dies zu den alltäglichen Erfahrungen der Menschen.

Als im Jahre 1828 die Nordküste Japans von einem großen Unwetter heimgesucht wurde und durch die Überschwemmungen und das Erdbeben viele Menschen starben, schrieb der damalige Zen-Mönch Ryokan folgende Verse:

„Wenn du einem Unheil begegnest,
ist es gut dem Unheil zu begegnen.
Wenn du stirbst,
ist es gut zu sterben.
Dies ist die wunderbare Weise,
dem Unheil zu entrinnen."

(Dumoulin 1986, Bd. II, S.316)

In meiner Arbeit begegne ich täglich Menschen, die auf ihrem Weg leidvolle Erfahrungen machen. Wie sind diese Menschen in der Vergangenheit mit ihren Problemen umgegangen und wie möchten sie damit umgehen, wenn sie zu mir kommen? Viele von ihnen entfernten sich in ihrer Vergangenheit schnell von ihren Problemen, sie lenkten sich ab durch äußere Aktivitäten, betäubten sich auf unterschiedliche Weise oder vermieden es auf anderem Wege sich mit ihrem persönlichen Unheil auseinanderzusetzen. Diese Menschen, die nun zu mir kamen, haben die Erfahrung gemacht, dass ihnen diese Art des Umgangs mit sich selber nicht von Nutzen ist. Im Gegenteil es verschlimmerte häufig die Situation und viele von ihnen wurden ernsthaft krank. Mit ihrem Kommen verbanden viele von ihnen die Hoffnung, dass sie ein Rezept an die Hand bekommen, mit dem sie problemlos ihr Leid loswerden können. Tief in ihrem Inneren wissen sie, dass sie ihre schweren schmerzvollen Erfahrungen noch nicht verarbeitet und durchlitten haben und dass dies der einzige Weg ist. Und trotzdem möchten sie auch diesmal wieder darum herumkommen. Wie enttäuscht sind da manche, wenn sie feststellen, dass ich nicht mit ihnen diesen fruchtlosen Weg gehen will, sondern ein Begleiter sein möchte, der ihnen zur Seite steht, wenn sie ihr Leid durchleiden. Auf der anderen Seite sind die Menschen froh, dass da nun endlich jemand ist, der genau das ernst nimmt, was sie bisher selbst abgetan haben. Ich möchte bei ihnen sein, wenn sie ihrem individuellen Unheil begegnen, damit sie ihm diesmal in einer Weise begegnen können, die kein neues Leid schafft, sondern es möglich macht, das Unheil aufzulösen und ihm damit zu entrinnen.

Wir können die Realität nicht ändern. Wasser macht nass, Feuer brennt, Schnee ist kalt. So können wir auch nicht ändern, dass wir Schmerz und Trauer empfinden, wenn uns etwas zustößt. Das einzige, was wir ändern können, ist den Umgang mit dem Erfahrenen, unsere emotionalen Reaktionen. Eine der weitreichendsten destruktiven Reaktionen auf ein schmerzliches Geschehen ist, diese Realität nicht als Realität anzunehmen. Hierdurch entzieht sich der Mensch vollends der Möglichkeit mit dieser Erfahrung umzugehen. Es geschieht absolut keine Begegnung mit dem Unheil. Er lebt weiterhin in der Welt *„es-ist-alles-beim-Alten-geblieben."* Es ist die stärkste Abwehr gegen das Leben, gegen den Fluss der eigenen Lebendigkeit. Eine andere Form, die wohl am häufigsten vorkommende, ist die, dass Menschen die Realität z.B. ich bin an Krebs erkrankt oder mein Partner hat mich verlassen, zwar registrieren aber gleichzeitig alle aufkommenden Gefühlsregungen unter Kontrolle bringen, verdrängen und sie unterdrücken. Aus diesem Widerstand gegen das eigene Fühlen entsteht ein subjektiv empfundenes Leid, das weit über den Schmerz des Geschehenen hinausgeht, ja sogar ohne Ende sein kann. Ein Kind, welches sein Knie blutig schlägt, weil es beim Laufen hinfällt, weint und schreit, bis der Schmerz vorbei ist. Dann kann es wieder lachen und weiterspielen. Pubertierende Jugendliche sind z.B. mit allem unzufrieden, haben großartige Einfälle, grenzen sich völlig ab, haben Sehnsucht nach Geborgenheit, sind völlig verzweifelt und strotzen vor Lebensenergie. Sie durchleben diese Phase ihres Lebens, wie ein Sturm, der die ruhige See aufwühlt und danach wieder verschwindet als wäre nichts geschehen. Es ist manchmal wie der Durchbruch aufgestauter Wassermassen, die sich unkontrolliert und haltlos einen Weg suchen, bis sie später in ruhigen klaren Bahnen dahin fließen. Hier entsteht Gestalt und Individualität durch das Durchleben und Durchleiden der eigenen Zerrissenheit und der wechselnden Gefühlslagen. Wie ist es aber für uns als Erwachsene? Wir sind keine Kinder mehr und keine pubertierenden Jugendlichen.

Für uns ist es wichtig, eine Form des *„Da-Seins"*, zu finden, durch welche Entwicklung und Wandlung möglich ist. Wandlung und Entwicklung kann aber nur geschehen, wenn wir uns dem lebendigen Fluss unseres Seins anvertrauen und uns nicht anklammern und starr werden. Nehmen wir unsere inneren Empfindungen nicht an, bleibt uns nur sie loszuwerden, indem wir sie negieren und ablehnen. Dieser Verdrängungsprozess lässt diese psychische Energie, mit denen unsere Gefühle geladen sind in unseren Schatten sinken, in den Bereich, mit dem wir nicht viel zu tun haben wollen, wohin wir alles Unangenehme und Lästige abschieben. Das heißt aber nichts anderes, als dass dies *„unter-den-Teppich-Gekehrte"* uns neuen Kummer bereitet, in dem es anfängt zu stinken und zu faulen, bis wir auf anderem Wege, vielleicht über psychosomatische Erkrankungen gezwungen werden, uns erneut mit dem damals Verdrängten auseinandersetzen zu müssen. Nur ist es durch diesen Verdrängungsprozess nicht mehr so einfach und klar Zugang zu dem ursprünglichen Konflikt zu finden, da unser psychisches Empfinden in der Vergangenheit im Laufe der Zeit ins Stoffliche gesunken ist und sich somatisiert hat. Aber kann dies heißen, dass wir uns hinreißen lassen von allen Gefühlsschwankungen unserer Psyche zu Traurigkeit, Angst, Eifersucht und Wut? Dies sind reale Empfindungen und gehören zu unserer Persönlichkeit genauso wie Lust, Freude, Frieden und Ausgeglichenheit. Identifizieren wir uns jeweils mit unseren Gefühlen, so mögen wir manchmal ein gutes und ein anderes Mal ein schlechtes Lebensgefühl haben, ganz in Abhängigkeit von unserer Gefühlsqualität. Unsere Gefühle sind an sich aber weder negativ noch positiv. Ebenso sind Blitz, Donner, Hagel, Schnee, Frost und Sonne weder gut noch schlecht. Sie sind was sie sind, absichtslose Phänomene der Natur.

Was kümmert es einen Berg, ob es hagelt, schneit oder die Sonne scheint, er bleibt in seinem Inneren ruhig, voller Frieden und Harmonie. Der Berg ruht in seiner Mitte und identifiziert sich nicht mit den Unbilden des Wetters. Seine Energie verbraucht er nicht im Nachdenken, Wünschen, Hoffen und Sorgen, über die äußeren Verhältnisse. Er lässt sich von ihnen nicht mitreißen und lehnt sie aber auch nicht ab. Sind wir als Menschen in unserem Ichbewusstsein verhaftet, so identifizieren wir uns mit unseren Gefühlen, geben ihnen eine große Bedeutung und nach Möglichkeit viel Raum sich auszudrücken. In der Psychotherapie ist es ein angestrebtes Ziel, sich völlig klar über seine Gefühle zu werden, sich mit ihnen zu identifizieren, sie auszusprechen oder auch auszuagieren. Dies hat auch für die Entwicklung unserer Ichstärke und unseres Individuationsprozesses eine große Wichtigkeit, besonders dann, wenn wir unter psychischen und psychosomatischen Problemen leiden. Sind wir auf einem solchen Weg, bleiben wir aber in Abhängigkeit von äußeren Einflüssen und dem Echo unserer Psyche auf die Geschehnisse. Sind unsere Kollegen, Schüler, Kinder, Partner lieb und freundlich, meint es unser Schicksal gut mit uns (Sonnenschein und Wärme), ist auch unser Empfinden entsprechend. Erleben wir Kränkungen, Verletzungen und Leid, meint es unser Schicksal schlecht mit uns (Hagelschauer und Kälte), fühlen wir uns niedergeschlagen, betrübt, zornig oder ängstlich. Der Weg der Psychotherapie ist in dieser Welt angesiedelt und führt nicht darüber hinaus.

Der Weg des Zen, der Spiritualität führt aus der Identifikation mit unseren Ängsten, Begierden und Aggressionen hinaus. Er führt in die Tiefe unseres eigenen Wesens, in der wir ruhend in Gott, unserer Buddha-Natur verweilen können, ohne unsere ganze Energie in die Beseitigung unangenehmer Gefühlszustände zu verschwenden. Dort finden wir die Gelassenheit und den Frieden des Berges, aber nicht und das sei noch mal gesagt, weil wir unsere Gefühle verdrängen, sondern ruhend in der Mitte unserer Wesensnatur sie vorbeiziehen lassen können. Während des Zazen können Bilder und Gefühle in uns aufsteigen, mag es auch der Verlust eines geliebten Menschen sein, aber unser Herz wird davon nicht mitgerissen. Der schmerzvolle Prozess des Abschiednehmens wird uns nicht genommen, aber wir werden nicht von ihm umgetrieben, sondern unser innigster Kern bleibt davon unberührt, wie die Mitte des Berges, die einen Erdrutsch erlebt. Wir brauchen uns nicht gegen unsere Gefühlszustände wehren, gehen aber auch nicht in ihnen unter. Bedenken wir wie viele Menschen nicht mehr in der Lage sind, sich auf ihr tägliches Tun zu konzentrieren, weil sie so von ihren Gefühlen und Sorgen, verbunden mit ihren Ängsten und Begierden beschlagnahmt und aufgesogen werden.

Aus der Haltung des Zen heraus ist das Erleben eines schmerzlichen Gefühls vergleichbar mit einer Regenwolke, welche die Sonne verdunkelt. Einerseits ist die Sonne nicht mehr da, sie ist überschattet, verdeckt durch die Wolke. Im Verborgenen hat sie aber weiterhin Bestand und hält die kosmische Ordnung aufrecht. Andererseits klammert sich die Sonne nicht an die Wolke. Sie lässt sie vorbeiziehen, so wie sie gekommen ist. Träfe ein schmerzliches Ereignis auf unsere Persönlichkeit, gebe es eine gefühlsmäßige Reaktion, die auf der Bühne unserer Psyche vorbeiziehen würde, ohne unsere innere Ordnung grundlegend zu stören und ohne dass wir daran gebunden wären. Unsere tiefe innere Ruhe bliebe bestehen, was immer uns auch widerfährt, würden wir eins sein können mit unserem Problem, es voll und ganz durchschreiten und mit gestärktem Vertrauen daraus hervorgehen.

Es ist ein langsames Zurückfinden zum Urgrund, zum eigenen Wesenskern, der unbeschadet die Härten des Lebens überstanden hat. Unsere Psyche und unser Ich fühlen sich verletzt und gekränkt und brauchen ihrerseits Heilung, und diese Heilung vollzieht sich am besten im Kontakt zur Tiefe unseres Urgrundes. Das heißt für uns, dass wir uns selbst zur Zielscheibe machen. Diese Auseinandersetzung bedeutet:

„dass der Schütze auf sich selbst
- und wiederum nicht auf sich selbst -
zielt,
dass er dabei vielleicht sich selbst
- und wiederum nicht sich selbst -
trifft
und somit in einem Zielender und Ziel,
Treffender und Getroffener ist."

(Herrigel, 1989, S. 14)

Immer wieder werden wir Menschen vom Schicksal gebeutelt, durchgeschüttelt und den Unbilden des Lebens ausgesetzt sein, ob wir damit einverstanden sind oder nicht. Und mögen wir Schmerz, Trauer und Verzweiflung empfinden, das Entscheidende wird sein, ob wir an unsere Mitte angebunden sind, die uns bei aller Schwernis Zuversicht gibt und ein Ort ist, der uns eine verwandelnde Kraft zukommen lässt, die es möglich macht, fest mit der Erde verwurzelt zu bleiben und das Unwetter im Wesenskern unbeschadet durchstehen zu können.

„Heimkehren zum Wurzelgrund heißt:
Stille finden.
Und dies nennt man:
sich zum Schicksal kehren.
Sich zum Schicksal kehren heißt:
ewig sein.
Das Ewige kennen heißt:
erleuchtet sein."

(Lao-tse 1979, Vers 39)

Die Anbindung an unseren Wurzelgrund trägt uns auch durch die schwerste Krise. Deshalb ist so wichtig, durch regelmäßiges Zazen sich mit dem eigenen Urgrund, der Buddha-Natur zu verbinden. Ein haltloser Mensch klammert sich an alles, was ihm Halt zu geben verspricht. Er ist ohne äußeren Halt ein Spielball seines Schicksals, hat er doch nichts, wohin er sich innerlich wenden könnte, um Gelassenheit und Stärkung zu finden. Wissend um das Eins-Sein mit dem Göttlichen in uns, können wir den schicksalhaften Gewitterwolken unseres Lebens begegnen.

Im Zen spricht man vom *„stabilisierten Herzen,"* das auch dann in Ruhe bleibt, wenn unser Ich wie ein wildgewordener Affe umherspringt.

Ein wesentlicher Schritt auf diesem Wege eins zu werden mit unseren Problemen ist die Erkenntnis, dass wir kein Problem haben, sondern dass dieses Problem zu uns selbst gehört, dass wir dieses Problem sind! Ein Problem haben bedeutet, hier bin ich und dort ist das Problem. Ich vollziehe eine Trennung zwischen dem, was ich bin und dem was mein Problem ist. Ich gehe auf Distanz. Hier bin Ich und dort ist mein Symptom. Diese für uns so alltägliche und häufig auch unbewusste Subjekt-Objekt-Trennung verhindert das Einswerden mit unserem emotionalen Empfinden, unserem Problem. In einem Sesshin mit dem Pallotinerpater und Zen-Meister Kopp sprach dieser vom Ich als einem Masten, der Stück für Stück gekürzt werden muss, bis er ganz verschwunden sei. Die Frage, wie können wir eins werden mit unserem Problem entfällt in dem Moment, wo auch unser Ich entfällt. Nur unser Ich kann ein Problem haben. Die Realität der Trennung von meinem Lebenspartner ist eine Realität, ruft Trauer und Verzweiflung hervor. Versuche ich diese Tatsache nur mit dem Verstand, mit dem Ich zu begreifen, verhindere ich das Eins-Sein.

Bin ich denn als Betroffener, als Beobachter von der Trauer, der Verzweiflung verschieden?

In keiner Weise!

Ich versuche sie wohl beiseite zu schieben und loszuwerden. Aber in Wirklichkeit bin Ich die Trauer und Verzweiflung selber, die Trennung bewirkt nur mein Bewusstsein. Wenn wir das erkannt haben und sehen, dass wir das sind, was uns ausmacht, dann können wir Eins werden mit dem, was ist.

Und wir müssen jetzt darüber hinausgehen, dies nur mit dem Kopf zu verstehen. Wir müssen diese Erkenntnis mit dem Herzen realisieren. Harada Sekkei Roshi sagte immer wieder:

> *„Bitte vergesst das nicht, das In-der-Krise-sein oder das Völlig-ratlos-sein, dies ist nichts anderes als Satori selbst, Dharma selbst oder Buddha-Weg."*

Wir selbst erleben diesen Zustand nicht so, weil wir nicht eins mit unserem Problem sind, sondern glauben, wir müssten irgendetwas anderes erreichen und das Dharma müsste etwas anderes sein als diese Alltäglichkeiten. Das Naheliegende zu begreifen als Schlüssel zum Wesentlichen will uns nicht so recht in den Sinn, weil wir auf Größeres, Schwierigeres mit unseren Gedanken und Vorstellungen fixiert sind. Naheliegend ist es sich dem eigenen Herzen zuzuwenden und sich von ihm berühren zu lassen.

Betrachten wir das Bild von Jesus und folgen seiner Gebärde, dann sehen wir, wie seine Hand zum Herzen weist, welches besonders hervorgehoben ist.

Es ist nicht das organische Herz, mit seinem Platz in der linken Brustseite. Vielmehr zeigt das Bild das spirituelle Herz. Das Herz als Sitz des menschlichen Geistes, nicht des Intellektes, sondern des allumfassenden Geistes. Warum zeigt Jesus nicht zum Kopf, den Sitz unseres Verstandes, unserer Logik, unseres Ichs? Schließlich geben wir in unserer Zeit dem Intellekt die überragende Bedeutung vor den Herzensgefühlen und der Herzensweisheit. Ist nicht unser Bildungs- und Erziehungssystem ausgerichtet auf die Anhäufung von Fachwissen, auf naturwissenschaftliche Erkenntnisse? Und ist nicht das Fach Religion, als eine Möglichkeit der Herzensbildung (Religio = Anbindung an den Urgrund) ein Fach mit nebensächlicher Bedeutung, in dem die Noten kein großes Gewicht haben und das auch abgewählt oder ersetzt werden kann durch das Fach Philosophie? Gerät nicht die Welt, trotz aller großen wissenschaftlicher Erkenntnisse und Fortschritte immer mehr in einen Prozess der Zerstörung der Umwelt und Natur? Zeugen nicht die über Jahrtausende bestehenden Feindschaften und neuen Kriege auf die Unfähigkeit der Menschen hin, einander zu verstehen und zu lieben? Die Lösung all dieser Probleme scheint nicht in der Anhäufung von noch mehr Wissen zu liegen oder hat ein Mann wie Jesus Christus als Gottes Sohn sich geirrt und hätte seine Hand doch in Richtung Kopf weisen sollen? Fragen Sie sich selbst! Liegen Ihre Schwierigkeiten oder die Ihrer Mitmenschen darin, dass die intellektuellen Aufgaben nicht bewältigt werden können, dass Sie Ihren neuen Fernsehapparat oder Computer nicht programmieren bzw. Ihre Handy nicht bedienen können? Oder liegen die wirklichen Probleme nicht im Bereich des Herzens, der Beziehung zum eigenen Herzen und dem der anderen Menschen?

Meine psychotherapeutische Erfahrung zeigt mir, dass die Menschen gleich welcher Qualifikation, ob als Musiker, Konstruktionsingenieur, Arzt, Handwerker, Lehrer oder Jurist nicht die Schwierigkeiten in ihrem Fachgebiet haben, sondern in dem Umgang mit sich selbst, ihren Kindern, Partner und Mitmenschen. Ist da nicht die Hinwendung zum eigenen Herzen, das Eintauchen in die eigene Herzensweisheit eine notwendige Voraussetzung für unseren inneren Frieden und den Frieden mit unseren Mitmenschen und der Natur? Paulus schreibt in seinem Brief an die Epheser (Die Bibel, 1996, 1,18):

*„Er erleuchte die Augen eures Herzens
damit ihr versteht,..."*

Hier wird die Öffnung zum eigenen Herzen angemahnt. In der Tradition des Zen wird die Weisheit von Herz zu Herz weitergegeben. Das Praktizieren von Zazen lässt uns erleben, dass wir nicht geübt sind, mit unserem Herzen die tiefere Wahrheit zu verstehen und unser verstandesmäßiges Denken uns vom Wesentlichen abhält. Wie häufig führten mich meine verstandesmäßigen Erkenntnisversuche in unzählige Sackgassen. In jedes Dokusan ging ich mit der Überzeugung, jetzt habe ich die Lösung des Koan gefunden, um auf dem Wege gleichzeitig zu wissen, wenn der Roshi diese Lösung akzeptiert, bricht mein Glaube an die Wahrhaftigkeit des Zen-Weges zusammen. Ich war mir der Unzulänglichkeit meiner Lösung bewusst, wurzelte sie doch in stunden- und tagelangem Durchdringen meines Intellekts und sie kam nicht direkt aus meinem Herzen. Wie enttäuscht und gleichzeitig dankbar war ich, wenn Yamada Roshi mein vorgetragenes Ergebnis nicht akzeptierte, bis ich wirklich alles, warum sitze ich, was kann die Lösung sein, alles Suchen aufgegeben hatte und vor ihn treten konnte, in einer Weise, die aus sich selbst heraus entstand und welche ohne mein Zutun, aus einer bis dahin unbekannten Tiefe klare Gestalt annahm.

So wie das suchende Herz ganz davon erfüllt ist, die eigene Göttlichkeit zu erfahren, mit der eigenen Buddha-Natur Eins zu werden, so müssen wir während des Zazen offen sein für die unbewussten Bilder in uns. Wir müssen bereit sein, uns in der Tiefe unseres Herzens zu begegnen, nicht um an aufsteigenden Bildern zu haften, uns zu bemitleiden oder uns daran zu erfreuen, sondern um die Bilder, zuzulassen, anzunehmen und vergehen zu lassen. Es ist das Eins werden mit ihnen, ohne uns mit eigenen, aus dem Ich stammenden Gedanken einzumischen. Der Schritt in die Schattenwelt, der unserem Bewusstsein abgewandten Seite, ist mitunter schwer, da es vieles hervorbringen kann, was uns dämonenhaft gegenübertritt. Im psychotherapeutischen Bereich gehört es zum Wachstumsprozess hinzu, die eigenen Schattenseiten aufzuarbeiten und wir erleben dabei unsere Widerstände, Ängste und Verdrängungsmechanismen. Diese Begegnung mit unserem Schatten macht uns heil, Verdrängung führt uns von unserem Dharma weg!

Unser Unterbewusstsein will sich auch während des Zazen von den Giften reinigen, die es bisher nicht verarbeiten und ausscheiden konnte. Gerade dies konfrontiert uns immer wieder mit unserem auswählenden Ich, das Angst hat sich auf den neuen Weg einzulassen.

Auch ich erinnere mich an einen besonders schweren inneren Kampf, während ich allein nachts im Zendo saß. Die ganze Welt der Dämonen stürzte auf mich ein und es gab nichts mehr an das ich mich hätte festhalten können. Umgeben von lachenden Fratzen und grimmigen Ungeheuern gab es nur noch das Fallenlassen in ein bodenloses Nichts, über das sich die Mächte der Dunkelheit zu freuen schienen. Es ist der Weg zum anderen Ufer, aber um hinüber zu kommen musste ich das sichere alte Ufer verlassen.

Wir alle wissen, wie es ist, wenn wir die Welt in unsere Gedanken zwingen, wenn unser Ich unser Sein kontrolliert, aber wir wissen nicht, wie es ist, wenn wir dies alles loslassen. Keiner kann es uns sagen. Worte darüber bleiben unzureichende Versuche die Wirklichkeit zu erfassen. Der einzige Schritt der uns bleibt ist unsere wohleingerichtete Gedankenwelt hinter uns zu lassen und in den, vor unserem Ich gähnenden Abgrund der Wirklichkeit zu springen.

Der Sprung in das *Samadhi des eigenen So-Seins,* die Realisierung der eigenen Buddha-Natur geschieht durch das *Eins-Werden* mit dem eigenen Schmerz, dem eigenen Problem, mit dem eigenen Leid. Es ist das *Eins-Werden* mit dem eigenen Herzen, auf das Jesus mit seinem Finger deutet. Solange unser Herz nicht frei ist, befreit von jeder Herzensenge, um die Dinge so zu sehen wie sie wirklich sind, so lange werden die Handlungen, die wir als Menschen vollziehen in Verurteilung, Hass, Neid und Missgunst stecken bleiben. Tetsuo Roshi Nagaya Kiichi (1986, S. 21) sagt dazu:

> *„Natürlich*
> *die saubere Seele*
> *das reine Herz*
> *ist das Wichtigste.*
> *Wenn das Herz nicht sauber*
> *dann wird alles schmutzig*
> *Worte, Gedanken, Handlungen."*

Noch verschleiert der Morgennebel
die Sonne
der Ruf einer Krähe durchdringt
die feuchte Stille.

Ich steige über einen Baum, der auf dem Wege liegt.

(20.10.97)

Das Hindernis der Schwächen

Der Dominikanermönch Johannes Tauler schrieb:

> *„Das Pferd macht im Stall den Mist,*
> *und wiewohl der Mist Unflat und Gestank an sich hat,*
> *zieht dasselbe Pferd denselben Mist*
> *mit großer Anstrengung auf das Feld,*
> *und daraus wächst edler, schöner Weizen*
> *und der edle, süße Wein,*
> *der niemals so wachsen würde, wäre der Mist nicht da.-*
> *Ebenso trag deinen Mist - das sind deine eigenen*
> *Schwächen, mit denen du nicht fertig werden,*
> *die du nicht ablegen und überwinden kannst -*
> *mit Anstrengung und Fleiß auf den Acker des liebevollen*
> *Gottes und breite den Mist auf das edle Feld:*
> *ohne Zweifel wächst daraus in demütiger Gelassenheit*
> *edle, wonnige Frucht."*
>
> (Tauler, 1988, Bd. II, S.225)

Die Schwächen der Menschen sind mannigfaltig und so alt wie die Menschheit selbst. Vor über 600 Jahren schrieb Tauler diese Zeilen und sie betreffen uns heute noch in dem gleichen Maße wie die Menschen von damals. Ich möchte mich auf einige Schwächen beschränken, die für den Zen-Weg eine Bedeutung haben.

Die Schwäche des Menschen, sich an Strukturen zu halten.

In einer Zeit, in der jeder sich frei machen möchte von Zwängen, Vorschriften, Bürden, Einschränkungen und Disziplinierungen ist es ganz schwer mit etwas daherzukommen, was alle gleich aufhorchen und sagen lässt: „Das riecht aber arg nach neuen Vorschriften."

In der Befreiung von allem und jedem ist es für viele unvorstellbar, sich selbst etwas aufzuerlegen. Zumal, wenn es sich auch noch gegen den eigenen „Bio-Rhythmus" richtet.

Der Zen-Weg erfordert eine Struktur, an der wir uns reiben können und die uns gleichzeitig Halt gibt. Das innere Reiben ist deswegen von Bedeutung, weil es uns lernen lässt, etwas anzunehmen, bei dem sich gleich ein Widerstand einstellt und unsere damit zusammenhängende emotionale Reaktion in Widerstreit steht mit dem, was wir uns auferlegt haben bzw. tun sollen.

Der Halt ist wichtig, weil wir in Lebensphasen, die uns verwirren, die uns haltlos machen, zumindest eine Verlässlichkeit, einen Halt haben, der in dem wiederkehrenden Rhythmus des Zazen liegt und uns in das Gewahrwerden des Augenblicks führt. Dazu gehört das Aufstehen zu einer vorher festgelegten Uhrzeit. Vielleicht kennen Sie das, der Wecker rappelt und es ist Zeit zum Aufstehen, aber es ist noch so schön warm und kuschelig im Bett. Warum nicht also noch länger liegen bleiben und jede Minute auskosten? Das hat natürlich seinen Reiz, aber es unterstützt in unserem Sinne nicht den Weg der Klarheit und Direktheit. Ich kenne viele Menschen, die sich schon morgens im Bett trübselige Gedanken machen über dies und jenes, was heute alles auf sie zukommt, und sie stehen nach einiger Zeit mit einem schweren Gefühl auf, obwohl der Tag noch so jung und frisch ist. Ich schlafe auch gerne schon mal länger, habe aber die Erfahrung in Japan gemacht, wie es ist, wenn morgens um vier ein Mönch mit lautem Geläut jeden aus dem Schlafe reißt und dann nur wenige Minuten bleiben, um die Morgentoilette zu erledigen und fertig gekleidet die langen Holzfußböden zu wischen oder sich ins Zendo zur Meditation zu begeben. Es ist keine Zeit für unser Ich, darüber nachzudenken, ob das jetzt alles sinnvoll ist oder unsere Bedürfnislage etwas ganz anderes wünscht. Eine immer wieder neue innere Diskussion verhindert den positiven Wachstumsprozess und das Ernten der Früchte auf diesem Wege. Stellen Sie sich vor, Sie würden einen Samen in die Erde legen und ihn dauernd wieder herausnehmen. Wie sollte der Samen seine ihm innewohnenden Früchte entfalten können?

Aufstehen und voll und ganz in den Tag hinein! Probieren Sie es aus!

Wählen Sie eine Tageszeit, die Ihnen nicht ermöglicht darüber nachzusinnen, wie der Tag wohl wird und was alles auf Sie zukommt und stehen Sie ohne Umschweife auf. Legen Sie den Zeitraum für einige Monate fest und setzen Sie sich ohne Zaudern auf Ihr Zafu. Manches dauert länger bis es Früchte trägt und zu uns durchgedrungen ist. Haben Sie etwas Geduld! Ein klarer Rhythmus ist sehr heilsam und stärkend, nicht nur für unsere Kinder. Im Zen sagt man:

„Eine Übung zu machen
ist leicht,
aber ein Übender zu werden
dagegen schwer."

Damit sind wir bei der nächsten Schwäche.

Die Schwäche der Unregelmäßigkeit.

In der Anfangszeit sind viele Menschen die etwas Neues beginnen enthusiastisch und bemühen sich alle Pflichten und Aufgaben zu erfüllen. Wenn der Alltag mit seinen Normalitäten und Anforderungen wieder deutlicher im Vordergrund steht und das Neue seinen Glanz verloren hat sieht es häufig wieder ganz anders aus. Der Schein des ersten Feuers ist verblasst und das was mich so begeistert hat, wird plötzlich zur Last und unbequem. Dies scheint etwas sehr menschliches zu sein. Und weil dem so ist, hilft es, uns in der Weise zu disziplinieren, dass wir uns eine feste Tageszeit nehmen und dann Sitzen ohne Wenn und Aber. Der alte Schlendrian greift schnell wieder um sich. Einmal aus dem Tritt gekommen, kann es schwer werden, wieder in der Regelmäßigkeit Fuß zu fassen. Ihr Entschluss, den Zen-Weg zu gehen hört auch ihr Ich. Dies wird am Anfang damit nicht so ein großes Problem haben, weil es sich nicht in Gefahr sieht und noch nicht so viel über Zen weiß. Nach einiger Zeit aber sieht es schon anders aus. Das Ich spürt, wie es ihm „an den Kragen geht", es soll wie an anderer Stelle beschrieben, gleich einem Mast Stück für Stück gekürzt werden. Wer würde dies schon ohne Widerstand über sich ergehen lassen. Also rechnen sie mit diesem Widerstand und treten Sie ihm mit einer festen unabrückbaren Übungszeit entgegen.

Viele Menschen haben erkannt, was für sie gut ist, sie wissen dies sehr genau, ob dies Laufen, Tanzen, Fasten, Autogenes Training, Yoga, Vollwerternährung oder Zen ist. Sie nehmen es sich zu Beginn ganz fest vor und sind zu Anfang auch begeistert. Nach eine Weile geht die konsequente Umsetzung des gefassten Entschlusses langsam verloren. Immer wieder heißt es: „Ich bin in der ganzen Woche nicht dazu gekommen. Ich hatte so viel anderes zu tun." Es ist nicht immer leicht, aus sich selbst heraus die Kraft zu nehmen und neue Wege zu gehen. Aber wer soll uns dazu anhalten, wenn nicht wir selber? Nur wir können uns selbst ernst nehmen und unserem inneren Ruf nach Wandlung und spirituellem Wachstum folgen. Überlassen wir die Zeit, Zazen zu praktizieren dem Zufall und hoffen, das sich im Laufe des Tages schon eine Gelegenheit finden wird, dann wird wieder ein Tag vergangen sein, an dem es aus irgendeinem Grunde nicht mehr möglich war. Soll, wie Tauler es sagt, wonnigliche Frucht auf unserem inneren Acker wachsen, dann bedarf es mehr als einer guten Absicht. Wir müssen eindeutig Prioritäten setzen und uns die Zeit nehmen, um sie realisieren zu können. Die Entschuldigungen, die Sie immer wieder für sich finden, zeigen ganz deutlich, dass Sie es noch nicht ganz ernst meinen und dass Sie an den alten eingefahrenen Strukturen festhalten. Einen gefassten Entschluss nicht umsetzen, heißt, den Entschluss und damit sich selbst nicht wichtig nehmen. Sie können auch einen anderen Entschluss fassen. Das ist auch möglich, aber dann entscheiden Sie sich und stehen zu dem neuen Entschluss.

Möchten Sie aber auf diesem Weg weiterkommen, ist es wichtig, Zazen regelmäßig zu praktizieren.

Viele Menschen sagen: „Die Welt ist so schnelllebig so hektisch geworden, da komme ich nicht zu mir, da habe ich keine Zeit mehr für mich." Die Welt ist schnelllebig, das stimmt. Muss ich dann in Hektik meine Nase putzen, mir mein Pinkeln verkneifen, weil die Arbeit drängt? Darf ich dann nicht mehr meinen Spaziergang genießen, mein Brot in Ruhe essen?

Übernehmen *Sie* die Verantwortung für Ihr Tun! Werden *Sie* kein Opfer dieser Gesellschaft! *Sie* können Jetzt und Hier Ihr Leben in die Hand nehmen. Entscheiden *Sie,* ob Sie sich auf Ihr Zafu setzen oder eines der vielen Fernsehprogramme einschalten, um sich von den eigenen persönlichen Empfindungen abzulenken. Nur wenn *Sie* ganz inniglich mit sich selbst in Fühlung kommen, werden *Sie* verstehen und Ihren Weg finden.

Die Schwäche, Beschwerlichkeiten aus dem Wege zu gehen.

Ist es nicht viel angenehmer, den schweren Rucksack auf dem Gipfel in Empfang nehmen zu können, als ihn selbst den ganzen Weg geschleppt zu haben? Und wenn Sie 25 Minuten lang im Fersensitz, halben Lotussitz oder im Schneidersitz gesessen haben und ihr Rücken meldet sich mit Schmerzen in der Wirbelsäule, oder Sie spüren plötzlich Ihr rechtes Bein nicht mehr, weil es einfach eingeschlafen ist, oder Ihr ganzer Körper wird vor Anstrengung und Bemühung steif und verkrampft, denken Sie dann nicht auch und dies soll ich mir jeden Morgen vor dem Frühstück antun und dann auch noch eine Zeit, die ich mir von meiner doch so kostbaren Nachtschlafenszeit abzweige. Liegt es dann nicht nahe, diesen Beschwerlichkeiten aus dem Wege zu gehen? Es liegt nahe, aber tun Sie es nicht. Sie würden sich die Chance nehmen an Beschwerlichkeiten zu wachsen! Wenn Sie herausgefunden haben, dass es nicht am Sitzen an sich liegt, sondern an ihrer zusammengesackten Haltung, an ihrer falschen Atmung, an der falschen Sitzunterlage (nehmen Sie eine Sitzbank oder Zafu), an den tausend Gedanken, die Ihnen durch den Kopf gehen, an der Zeit, die nicht vergehen will oder an Ihrem Ich, das nun meint, jetzt würde es aber reichen.

Geben Sie sich Zeit!

Viele anfängliche Beschwerden verschwinden, wenn Sie ein wenig Übung haben. Lassen Sie innerlich ihren Schmerz los und wenden Sie sich Ihrer Übung zu. Entziehen Sie ihm die Aufmerksamkeit. Wir müssen immer zuerst den Acker bestellen und dabei die Anstrengung und den Schweiß in Kauf nehmen. Wenn wir manche esoterischen Büchern lesen, scheint es, als ob uns die spirituellen Früchte ohne viel Aufwand in den Schoß fallen. Dies ist nicht so! Ein Buch, mag es auch noch so große Wahrheiten enthalten, die uns einsichtig erscheinen, bleibt eine Beschreibung von dem, was zu erreichen möglich ist. In wie weit jeder Einzelne von uns dies realisiert, hängt davon ab, ob er seine Schwächen überwindet und ein ernsthaft Übender wird. Verbinden wir unsere Bemühung, unsere Energie mit den Energien des Samens, der Erde und des Himmels, wird alles in Ruhe wachsen können. Viele Menschen setzen ihre Kraft ein, um ihre persönlichen Gefühle und Wünsche zu unterdrücken, möchten unumgänglichen Situationen aus dem Wege gehen, wehren sich gegenüber Notwendigkeiten, die ihnen gegen den Strich gehen. Sie suchen den Weg, der ohne Beschwerlichkeiten gepflastert ist und probieren jede neue auf den Markt gekommene Möglichkeit aus. Dies wird so lange dauern, bis sie erkannt haben, dass es ein Trugschluss ist, Beschwerlichkeiten gleich welcher Art aus dem Wege gehen zu können. Erst wenn wir bereit sind uns selbst und die Umstände unseres Lebens als Ausgangspunkt für unseren Weg zu betrachten und sie weder festhalten noch zurückweisen wollen, erst dann hören wir auf wegzulaufen und können die Wahrheit des Lebens in seiner Tiefe erfahren. Erforschen Sie Ihren jetzigen Zustand und seien Sie ehrlich sich selbst gegenüber.

Beschwerlichkeiten sind häufig auch mit dem Alltag, mit seinen Verpflichtungen verbunden. Wir möchten den Dingen, die getan werden müssen aus dem Wege gehen. Wir würden es gerne bequem haben und wünschen uns viel Zeit für uns, für Dinge die Spaß machen und Freude bringen. Eine derartige Einstellung ist entstanden aus dem Denken und Fühlen, das unsere Tätigkeiten und Aufgaben einteilt in angenehme und unangenehme. Dies führt uns aber nur weiter weg von der Möglichkeit, mit allem Eins zu werden. Mit dem *Nächstliegenden,* was getan werden muss, sich voll und ganz zu verbinden und damit das Beschwerliche in der Beschwerlichkeit loszulassen, ermöglicht uns ein zufriedenes Leben zu führen. Wir schaffen neues Leid in uns, wenn wir die ganze Zeit denken: „Ach, jetzt was anderes tun können als gerade dies, das würde mir viel mehr Spaß machen." Wenn Windeln wechseln, Toiletten säubern, Briefe schreiben, Lieben, Gespräche führen etc. anliegt, dann ist es das *Nächstliegende,* welches wir mit ganzem Herzen und mit vollendeter Hingabe tun sollten.

Die Schwäche der Unehrlichkeit

Die Unehrlichkeit, die ich meine, ist die Unehrlichkeit sich selbst gegenüber. „Nach außen hin erkennt es niemand, also brauche ich doch alles nicht so genau zu nehmen." Es gibt niemanden, der uns verpflichten könnte, den Zen-Weg zu beschreiten. Es ist ein persönlicher, eigenständiger Entschluss, den wir mit uns selber ausmachen. Deshalb gibt es auch keinen Grund sich selbst gegenüber unehrlich zu sein. In der Zen-Erfahrung haben auch unsere Schwächen ihren Platz. Vielleicht erkennen wir sie zum ersten Mal ganz deutlich. Würden wir sie dann schnell wieder verdecken oder aus unserem Bewusstsein verdrängen, könnten sie sich nicht wandeln und keine Früchte bringen. Die Annahme unseres So-Seins mit allen Schwächen und Macken ist ein wichtiger Schritt zur Authentizität, zur eigenen Wahrheit. Mist, der nicht ans Licht und damit nicht an die Luft kommen kann, wird faulen und Gestank ausbreiten.

Zur Wandlung benötigt unserer innerer Mist das Licht des Bewusstseins.

Es wird für uns damit erkennbar, begreifbar und nimmt eine klare Gestalt an, mit der wir umgehen können. Bleibt der Mist in der dunklen Abgeschlossenheit, wird er sich auf eben solchen dunklen Wegen einen Platz suchen, auf dem er sich ausbreiten und wirken kann. Viele Menschen benötigen erst diesen Um-Weg über eine Eskalation von Leid. Sei es, dass sie körperlich oder seelisch erkranken oder dass wichtige Beziehungen zerstört werden. Erst hineingeschubst in die Sackgasse von Leid erkennen sie, dass dieser Weg nicht zum Leben führt.

Der Weg der Ehrlichkeit und Wahrhaftigkeit ist ein beschwerlicher Weg, da wir Menschen dazu neigen, unsere Augen vor der Wirklichkeit zu verschließen. Die Realität

sieht nicht immer so aus, wie wir sie uns wünschen und es ist sicherlich schwer, der Wahrheit in manchen Situationen ins Auge zu sehen. Aber ist es nicht die einzige Möglichkeit für uns Menschen, unser Handeln auf eine solide Grundlage zu stellen (vergl. Mürmann, 1997).

Wenn Sie einen Baum pflanzen wollen, der sich in Zukunft gut entwickeln und Früchte tragen soll, würden Sie nicht versuchen, einen optimalen Standort mit den besten Bodenbedingungen zu finden? Dieser Baum würde in gesunder, unbelasteter, nährreicher Erde all seine ihm innewohnenden Kräfte voll und ganz entwickeln können und wunderbare Früchte tragen. Wie soll unser Geist spirituelle Früchte tragen, wenn wir für sein Wachstum einen Boden benutzen, den wir nicht bereit sind, mit dem Spaten der Ehrlichkeit und Wahrhaftigkeit durchzugraben, um unseren Mist ans Licht zu bringen, damit er zu wachstumsförderndem Humus wird?

Die Versuchung sich selbst etwas vorzumachen, mag Ihnen immer wieder begegnen, aber ganz deutlich für sich den eigenen Standpunkt bestimmen zu können und zu wissen wo und wie man dann weitermachen kann, geht nur über die eigene Ehrlichkeit.

Eine Hilfe ist es auch, zu wissen, dass unser Zustand, den wir während eines Sesshin im Dokusan dem Roshi vortragen, von ihm unerbittlich erkannt und festgestellt wird.

Es gibt ein schönes Wort von Nagaya Roshi (1986, S.68):

„Wahrhaftigkeit ist Himmelsweg
ihn zu verwirklichen ist Menschenweg."

Der Fischreiher
in voller Aufmerksamkeit

eine Sternschnuppe verglüht am
frühen Abendhimmel.

Unberührt liegt der See!

(3.9.96)

Das Hindernis der Unterscheidung

Ich bin weiß und du bist schwarz. Ich bin Christ und du Buddhist. Ich bin Israeli und du Palästinenser. Ich liebe Frauen und du liebst Männer. Ich bin Russe und du Tscheschene. Ich esse Fleisch und du bist Vegetarier. Wir grenzen uns ab! Wir betrachten die Menschen und die Dinge in dieser Welt oberflächlich, von ihrem äußeren Erscheinungsbild her. Wir sehen das Trennende und nicht das Gemeinsame. Wir haben Angst vor dem Andersartigen, dem Fremden. Wir bewerten, empfinden Abneigung, urteilen, schaffen Distanz, hegen abwertende Gedanken, wünschen dem anderen die Pest an den Hals, bewaffnen uns, morden, ziehen in den Krieg und töten.

Betrachten wir gewaltsame menschliche Konflikte, dann lässt sich dabei erkennen, dass in ihrem Hintergrund Menschen stehen, die in sich selbst einen gewaltsamen Konflikt tragen. Diese Menschen sind nicht ausgesöhnt mit sich selbst. Sie befinden sich in einem Kampf mit ihren eigenen Persönlichkeitsanteilen, die sie in ihren Schatten verdrängten und dort weiterhin unbewusst bekämpfen. Ursache hierfür sind die internalisierten Vorstellungen über Gut und Böse, über Recht und Unrecht. Reflektieren Sie einmal Ihre persönlichen Gedanken und Sie werden eine Unmenge finden, die bewertend sind. Gedanken in denen Sie unterscheiden zwischen Gut und Böse, Richtig und Falsch, Angenehm und Unangenehm. Diese Gedanken führen zwangsläufig dazu, entsprechend mit Zuneigung oder Abneigung gegenüber Menschen, Dingen und Situationen zu reagieren.

„Bleibt uns die geringste Vorstellung
von Richtig und Falsch,
wird unser Geist
in der Verwirrung zugrunde gehen."
(Shinjinmei, Vers 22, 1979)

Unsere Kinder lernen von uns, in der gleichen Weise zu unterscheiden. Sie nehmen die Bewertung ihrer Umwelt unreflektiert auf und sind noch nicht in der Lage, sich dem gegenüber kritisch abzugrenzen. Sie saugen die kulturellen, sozialen und religiösen Vorstellungen auf, wie ein trockener Schwamm Wasser aufsaugt. Sie geraten mit ihrer Unschuld zu Erwachsenen mit festgelegten Bildern und Vorstellungen, welche die ersten Pfeiler der Gewalt in ihnen aufbauen, da sie nicht gelernt haben, die Dinge in ihrem So-Sein zu belassen, sondern aus ihrer eigenen Unzulänglichkeit heraus zu einer subjektiven Beurteilung und Verurteilung kommen. Sie setzen Abgrenzungen in die Welt, die ein Ressentiment bis hin zum gewaltsamen Kampf gegen andere Menschen herausfordern, die zu einer anderen Beurteilung gekommen sind, bzw. ihr Leben nach anderen Grundsätzen, Glaubensvorstellungen und Prinzipien leben.

Betrachten wir die Welt mit den Augen der Liebe, verändert sich ohne weiteres Zutun unser Gefühl. Versuchen Sie es! Betrachten Sie einen Gegenstand, der in Ihrem Blickfeld liegt mit den Augen der Liebe. Lassen Sie sich einen Moment Zeit dabei, damit die Liebe von Ihrem Herzen aufsteigen kann. Spüren Sie die Veränderung in sich selbst? Augen der Liebe können die Dinge sehen, wie sie wirklich sind, als etwas das existiert und nicht weniger Wert ist als ich selbst. Die Gegensätze werden vereinigt und Gut und Böse lösen sich auf. Sehen Sie die Spinne oder die Fliege an der Decke. Mit den Augen der Liebe nehmen Sie keinen Schuh und schlagen sie tot. Es geht hierbei nicht um gut und schlecht, recht und unrecht oder um Moral. Mit den Augen der Liebe erscheint das, was ich sehe ebenso göttlich wie ich selbst bin. Unsere Augen sind nicht gewohnt, die Dinge so zu sehen wie sie sind. Wir beurteilen alles aus bestimmten Blickwinkeln, z.B. der Zweckmäßigkeit, der Nützlichkeit, der Schönheit. Dementsprechend geben wir den Dingen ihren Wert. So verfahren wir mit uns, mit unseren Mitmenschen und auch mit den Tieren , die entsprechend ihrer Produktionsausbeutbarkeit an Fleisch und Eiern auch noch in unwürdigen Bedingungen dahinvegetieren müssen.

Vielleicht ist es schwer für Sie mit den Augen der Liebe in die Welt und auf alles, was dort lebt zu schauen. Der Grund mag darin liegen, dass Sie sich selbst nicht genügend lieben und aus dieser fehlenden Selbstliebe - hier ist nicht der krankhafte Narzissmus gemeint -, niemandem sonst vom Herzen her Liebe schenken können. Die wahre Liebe ist frei von egoistischen Interessen, von der Erfüllung auferlegter Forderungen und gemachter Erwartungen. „Ich liebe dich, weil du..." „Ich liebe mich, weil ich..." beinhaltet auch „Ich liebe dich nicht, weil du und „ich liebe mich nicht, weil ich..." Die Liebe ist frei von Abhängigkeiten und Wohlverhalten. Sie beruht auf der Erfahrung und Erkenntnis von *Eins-Sein* mit allem was existiert. Hier gibt es keine Beurteilung und Verurteilung und Abneigung und Zuneigung. Die wahre Liebe drückt sich aus in einer Weise *da-zu-sein,* die aus der Einheit mit der Buddha-Natur, dem Göttlichen beruht. In einem Miteinander, das durch diese Haltung geprägt ist, gibt es keinen Boden mehr für Gewalt, sie findet keine Nahrung mehr.

Ich erlebe immer wieder, wie schwer und unverständlich es für Menschen ist, die in meinem Zendo erleben, wie andere sich verbeugen und Gassho machen, vor dem Altar, vor dem Mitmenschen, vor dem Sitzplatz usw. Was ist Gassho? Gassho ist das Anheben der Arme mit zusammengelegten Handinnenflächen.

„Richtig Gassho machen können
ist mit den Augen der Liebe sehen,
es ist das Wissen um die Einheit aller Dinge."

Es ist in unserer Kultur verloren gegangen, sich mit Respekt und Ehrfurcht vor den Wundern der Natur zu verbeugen. Ist eine brennende Kerze, eine Blume, ein Räucherstäbchen, ein Sitzkissen, ein Mitmensch kein Wunder? Begegnen wir im Einzelnen nicht dem gesamten Kosmos? Und doch, unser Ich hat sich weit von einer demutsvollen, liebenden Haltung entfernt. Und gerade dann, wenn wir glauben, dass wir es nicht nötig haben, uns zu verbeugen und sei es vor unserem Feind, gerade dann ist es ein wichtiger Schritt zu einem friedvollen Miteinander. Gewalt beginnt schon in der Abgrenzung, im fehlenden Kontakt mit dem, was mir gegenüber ist. Es gibt keine Verbindung von Herz zu Herz.

Häufig fehlt den Menschen auch die Verbindung zum eigenen Herzen. Darin liegt auch der Grund für gewaltvolles Verhalten sich selbst gegenüber. Eine große Zahl der menschlichen Krankheiten und Leiden beruht auf dem fehlenden Kontakt zu sich selbst.

Ich rauche, obwohl meine Lungen darunter leiden, ich nehme Medikamente und Drogen, obwohl sie mich betäuben und mich vom eigentlichen Problem ablenken. Ich esse zu viel und zu üppig, obwohl es meinem Körper nicht gut tut. Jeder kann die Liste für sich persönlich erweitern, um den Grad der Gewalt für sich zu erkennen. Viele der gewaltvollen Verhaltensweisen sich selbst gegenüber haben eine Entstehungsgeschichte, die mit tieferliegenden Problemen zu tun haben. So kann ich meinen Mangel an Kontakt und Liebe mit Essen kompensieren. Meine Verklemmtheit kann ich überwinden, indem ich zu viel Alkohol trinke. Ich kann arbeitssüchtig werden, um dem Kontakt mit meiner Partnerin aus dem Wege zu gehen. Auch hier ist die Anzahl der menschlichen Möglichkeiten, vor sich selbst und den anliegenden Problemstellungen wegzulaufen und sich einen Ersatz zu verschaffen unbegrenzt.

In allen Fällen verhindere ich meinen Wandel, mein Weiterkommen. Ich blockiere mich, unterdrücke mich und, und, und. Es ist Gewalt gegen mich selber. Ich mag meine Gründe dafür haben, sei es Angst, Unsicherheit, fehlendes Vertrauen. Das ändert aber nichts an der Tatsache, dass es Gewalt gegen mich selber ist. Diese Gewalt verhindert Barmherzigkeit mir selbst gegenüber. Ich habe kein mitfühlendes Herz für mich. Ich spalte Gefühle, Empfindungen von mir ab und dränge sie in den Schattenbereich meiner selbst. Wie kann ich also, der gewaltvoll mit sich selbst umgeht, gewaltfrei mit anderen umgehen? Würde ich nicht das Gleiche in einem anderen bekämpfen, was ich auch in mir bekämpfe? Sehe ich die Gier einer Person oder die Machtgier eines Volkes über ein anderes zu herrschen, so wird sich in mir eine feindliche Regung einstellen, wenn ich mich nicht mit meiner eigenen Gier versöhnt habe. Hier betreten wir den Weg einer gewalttätigen *Konflikt-„Lösung"* mit der Wahrscheinlichkeit einer Eskalation von Gewalt. Eine derartige Lösung ist keine wirkliche Lösung. Es mag ein Ende des Konfliktes geben, aber keine Annäherung, keinen Frieden, keine Versöhnung und schon gar keine Liebe zwischen den Beteiligten.

Habe ich mich mit meinem Herzen verstanden, mich lieben gelernt und den dahinterliegenden Konflikt in meine Persönlichkeit integriert anstatt abzuspalten, kann ich meinen Blick auf das Dahinterliegende beim anderen richten, auf seine Angst, seine Verletzung, seinen Kummer und seine Not. Ich bin mit einem warmen, offenen, verständigen, mitfühlenden, liebenden Herzen beim anderen und so entsteht eine Verbindung und der Wunsch helfen zu wollen. Wir können tiefer sehen in das Herz des anderen, weil wir in Kontakt mit unserem eigenen Herzen sind. Hier fließt Wärme und Liebe anstatt Kälte und Gewalt, weil wir verbunden, eins miteinander sind. Der Saat der Gewalt entgegenzutreten bedeutet mit eigenem offenen, liebevollen Herzen den anderen und sich selbst sehen können. Thich Nhat Hanh, der Zen-Meister und vietnamesische Friedensaktivist ist ein wunderbares Beispiel dafür, Menschen in Kontakt mit ihren Taten und deren Auswirkungen auf andere Menschen zu bringen ohne neue Gewalt, sondern Mitgefühl und Liebe zu säen.

Die Weisheit des Zen wird seit 2500 Jahren von Herz zu Herz weitergegeben. Der Weg des Intellekts, der Wissenschaft ist ein Weg, der zu mehr Wissen führt und damit aber auch zu Überheblichkeit, Konkurrenz und Vormachtstreben. Der Weg des Herzens ist der Weg der zu Respekt, Achtung, Miteinander und Liebe führt. Der Weg, auf dem ich mit dem Herzen erkenne, dass wir alle eins miteinander sind, wenn auch unterschiedlich in unseren Erscheinungsformen, ist der Weg der zur *Einen-Welt* und zum *Welt-Frieden* führt.

In unserer Wegwerfgesellschaft achten wir unsere Gebrauchsgegenstände nicht so wie es ihnen entsprechen würde. Es ist ein Merkmal für unsere Entfremdung von den Dingen. Wir erkennen nicht, dass die Göttlichkeit, die Essenz der Buddha-Natur in allem anwesend ist und uns eint. Wir besitzen genug von allem und können uns bei Bedarf alles neu kaufen. Im Ursprung sind wir nicht unterschieden vom Stuhl, unserer Tasse und dem Küchenmesser, auch wenn die Ausgestaltung der Erscheinungsform uns deutlich unterscheidet. Das Bewusstsein darum ist in unserer Seinsweise nicht so verankert, als dass wir von diesem Hintergrund her allen Dingen entsprechend Achtung und Dankbarkeit entgegenbringen würden. Nehmen Sie dieses Buch zum Beispiel. In ihm steckt viel Arbeit, Energie und Liebe all der Menschen, die an seinem Entstehen mitgewirkt haben, genauso wie in dem Sessel, in dem Sie sitzen, und dem Haus, in dem Sie wohnen. Wenn in meiner Kindheit z.B. die Schuhe aus Sparsamkeitsgründen zur Erhöhung der Lebensdauer pfleglich geputzt wurden und ich meine „guten" Schuhe nicht zum Fußballspielen anziehen durfte, dann fehlte doch noch das Erkennen des gemeinsamen Ursprungs. Sehen wir die Dinge mit ihrem Wert und ihrem innewohnenden Leben, entsteht ein liebevoller Umgang, eine neue Achtsamkeit und Respekt. Eine Arbeit, die zur Säuberung des Geschirrs und Bestecks verrichtet wird oder das Putzen unserer Fenster und Toiletten erfährt einen Wandel. Es ist nicht mehr ein lästiges Tun, das wir am liebsten anderen überlassen würden, sondern eine Handlung, in der sich ein tieferliegender religiöser Sinn ausdrückt. In dieser Weise könnten wir alle Handlungen unseres Lebens *heiligen!*

Wie wunderbar ist es, ein Leben zu führen, in dem unser gesamtes Tun eine neue Qualität erhält und frei wird von jeglicher Routine und Abneigung.

Ich habe im Zen-Kloster Hosshinji ein Gebet kennen gelernt, welches uns in dieser Haltung unterstützen kann.

„Ich danke dem Segen der Natur und
der Arbeit der Menschen,
die uns dieses Mahl bereiteten.
Ich sehe mich vor weder zerstreut
noch unbeherrscht zu essen.
Ich esse, um meinen Körper bei Kraft zu erhalten.
Ich empfange die Nahrung, damit ich Gutes tun kann."

Denken Sie einmal an die Zubereitung Ihrer letzten Mahlzeit. Ob Sie ein komplettes Gericht zubereiteten, eine Suppe kochten oder Ihr Brot schnitten und es belegten, wie verbunden waren Sie innerlich mit den dargebotenen Speisen? In welcher Weise war Ihnen der lange Wachstumsprozess der Pflanzen bewusst, mit den schöpferischen Kräften der Erde und den kosmischen Kräften des Himmels. Konnten Sie Dankbarkeit und Demut empfinden vor diesem großen Wunder, das sich vor Ihnen ausbreitete? Waren Sie aufmerksam bei jedem Bissen und spürten Sie die Essenz des göttlichen Lebens in dem, was Sie aßen?

Der *Segen der Natur* ausgebreitet auf Ihrem Teller, um Ihren Körper bei Kraft zu erhalten. Unsere Gedankenlosigkeit und Gleichgültigkeit dem Wesentlichen gegenüber, lässt uns abstumpfen und nur noch aufmerken, wenn etwas ganz Besonderes und Außergewöhnliches als Speise geboten wird. Jemand von Ihnen, der schon einmal eine Heilfastenwoche erlebt hat und nach sieben oder vierzehn Tagen zum Fastenbrechen den ersten Apfel isst, der wird von seinen Sinnen geschärft, mit großer Aufmerksamkeit und Dankbarkeit dieses herrliche Obst essen. Je weniger unsere Lebensmittel, ich sage bewusst nicht Nahrung, um das Lebendige im Essen zu unterstreichen, denaturiert, sondern natürlich belassen und frei von Blutvergießen sind, desto mehr gereichen sie uns zum Leben. Jesus sagt im Friedens-Evangelium der Essener (Szekely, 1983, S.37), zum Umgang mit den Geschenken der Erdenmutter:

*„Denn Leben kommt nur von Leben,
und vom Tod kommt immer nur Tod."*

Betrachten wir unsere Speisen als Segen der Natur, ergibt sich natürlich zwangsläufig daraus, dass all unser Tun der Natur zum Segen gereicht. Wir würden bemüht sein und uns kümmern um die Erdenmutter, wie um unsere leibliche Mutter, die uns geboren hat. Alles *Wider-Natürliche,* jegliche Zerstörung unserer Natur hätte ein Ende. Wir hätten den nötigen Respekt vor der Schöpfung und wären einen wichtigen Schritt näher, um mit Mutter Erde *Eins* zu sein.

„Ich danke... der Arbeit der Menschen, die uns dieses Mahl bereiteten."

Ich bitte Sie nachzudenken, wann Sie dies zum letzten Mal deutlich und bewusst einem Menschen gegenüber, der für Sie gekocht hat, aussprachen. Es ist schon zu einer gewohnten Haltung geworden, dass wir Dienste anderer Personen als selbstverständlich hinnehmen und nicht voller Dank für ihr Tun sind. Ein Leid, über das sich insbesondere Hausfrauen und -männer beklagen, welche sich in ihrer Arbeit, mit Recht, nicht genügend gewürdigt sehen. Sie können den Unterschied im Miteinander, in der Atmosphäre spüren, wenn wir erfüllt sind, von einer demutsvollen Dankeshaltung gegenüber dem Segen der Natur und der Arbeit der Menschen. Versuchen Sie es!

Natürlich ist dies schwer, wenn wir mit unseren Gedanken woanders, bei der Arbeit, bei irgendwelchen Problemen sind. Deswegen ist es so wichtig, *nicht zerstreut* zu essen, sondern mit größter Aufmerksamkeit jeden Bissen würdigen. Von dieser Aufmerksamkeit hängt unser Leben ab! Ja, Sie haben richtig gelesen, unser Leben hängt davon ab. Ich möchte Ihnen dies an einem einfachen Beispiel deutlich machen. Sicherlich haben Sie heute schon einmal etwas gegessen. Nehmen wir an, es war eine Scheibe Brot. Haben Sie erlebt, wie Sie die Scheibe Brot abschnitten, gab es das Brot wirklich. Ist das Brot wirklich, dann sind Sie auch wirklich. Haben Sie den Duft des Brotes ge-

rochen, gab es das Brot wirklich. Ist das Brot wirklich, dann sind Sie auch wirklich. Haben Sie den Geschmack des Brotes wahrgenommen, dann gab es das Brot wirklich. Ist das Brot wirklich, dann sind Sie auch wirklich. Das bedeutet es, *nicht zerstreut zu essen* sondern im Hier und Jetzt ganz gegenwärtig zu sein und damit zu leben. Essen Sie zerstreut und nehmen Sie das Brot nicht wahr, gibt es das Brot nicht. Ist das Brot nicht wirklich, sind Sie auch nicht wirklich, leben Sie nicht wirklich!

Betrachten wir den Aspekt des *unbeherrschten Essens,* dann kommt darin ein Mangel zum Ausdruck, ein Mangel an innerem Erfülltsein. Mit dem Essen wollen wir unser „inneres Loch" ausstopfen und kompensieren den seelischen oder geistigen Mangel. Es ist gut, sich gegenüber dieser Schattenseite zu öffnen, um über die Erkenntnis einen neuen Zugang zu sich und dem Essen zu finden. Die Konfrontation mit uns, fällt uns nicht immer leicht, besonders dann nicht, wenn sie von uns einen Wandel verlangt. Die alte Gewohnheit, auch wenn sie für uns schädlich war, z.B. zur Esssucht oder zur Bulimie führte, klebt an uns wie Kaugummi in den Haaren. Unser Erkennen, warum wir so unbeherrscht aßen, macht nicht nur unseren Mangel deutlich, es zeigt uns auch gleichzeitig den Weg an, was wir zu lernen haben, welchem Aspekt wir uns innerlich öffnen müssen, damit wir das Alte loslassen können.

Das Genießen nimmt in unserer Gesellschaft einen großen Platz ein. Es geht nicht wie in anderen armen Ländern um das nackte Überleben, um die eine Hand voll Reis, sondern um das Besondere auf dem Teller, das Erlesene, das Außergewöhnliche, das Nichtalltägliche. Unser materieller Wohlstand hat uns von der Tatsache weggeführt, dass wir *essen, um unseren Körper bei Kraft zu erhalten.*

Wir verwöhnen uns mit den raffiniertesten Leckereien, die uns immer wieder neu gepriesen werden und stopfen viel in uns hinein, obwohl wir schon satt sind und unser

Körper unter Übergewicht und schlechten Ernährungsgewohnheiten leidet. Unsere Körperreaktionen des Magens, wie *„ich bin satt"* oder *„das ist mir zu viel"* werden von unseren gierigen Augen, unserer genießerischen Zunge und unseren nimmersatten Gedanken übertönt.

„Ich empfange die Nahrung, damit ich Gutes tun kann!"

Das Wesentliche liegt bei diesem Gedanken einmal im Empfangen der Nahrung und darin, Gutes tun zu können. Es ist ein Geschenk des Kosmos, der Natur, der Erdenmutter, wenn alle Kräfte zusammenfließen und Dinge gedeihen, die wir als Menschen empfangen dürfen. Die vollen Regale im Supermarkt bringen uns in Distanz zu dem Werdeprozess des vielfältigen Gemüses und Obstes. Säen Sie z.B. Möhrensamen in die Erde und die schöpferischen Kräfte der Natur lassen den ausgesäten Samen zur Frucht heranreifen. Hier können Sie dem Wirken der Erd- und Himmelskräfte beiwohnen, bis Sie die Möhren als Geschenk der Erde *empfangen* dürfen. Die Gefahr ist, dass das alltägliche Geschehen, die Wunder der Natur ihre Großartigkeit verlieren, dass die Tiefe, das ihnen innewohnende Göttliche verblasst und zur Selbstverständlichkeit wird, die sich immer mehr abnutzt.

Nur wenn wir wieder aufmerksam für das Wesentliche werden und uns dem Erleben des Empfangens in seiner Ursprünglichkeit öffnen, ist es möglich, mit Demut und großer Dankbarkeit uns vor der Erde und ihren Früchten zu verneigen und mit ihr in Frieden und Harmonie zu kommen.

Um deutlich zu machen, was es heißt *Gutes zu tun,* möchte ich Ihnen von einem Gespräch zwischen einem berühmten Samurei-Krieger und dem Zen-Meister Hakuin erzählen, in dem es um Himmel und Hölle geht.

Ein berühmter Samurei-Krieger besuchte einmal den Zen-Meister Hakuin und fragte:
„Ich möchte wissen, ob es wirklich Himmel und Hölle gibt?"
Hakuin antwortete:
„Wer seid Ihr überhaupt?"
Der Krieger sprach:
„Ich bin ein großer gefürchteter Samurei, Ihr solltet mich kennen."
Der Zen-Meister antwortete:
„Du willst ein Samurei sein, du machst eher den Eindruck eines Bettlers und reizt mich zum Lachen."
Der Samurei wurde wütend und griff zu seinem Schwert.
Hakuin sprach unbeirrt weiter:
„Wirst du armselige Figur dieses Schwert auch handhaben können?"
Als der Samurei sein Schwert zog, sprach Hakuin:
„Hier öffnen sich die Pforten zur Hölle!"
Betroffen durch diese Worte, ließ der Samurei sein Schwert wieder in die sichere Scheide gleiten, legte die Hände zusammen, verbeugte sich und bedankte sich für die Belehrung.
Hakuin aber sprach:
„Hier öffnen sich die Pforten zum Himmel!"

Könnten wir noch mehr Gutes tun, als uns aus unserer inneren Herzenshaltung mit Gassho vor allem zu verbeugen?

Betrachten wir einen Aspekt der Gewalt, der noch wichtig ist, erwähnt zu werden. Er resultiert aus dem Wunsch besitzen zu wollen. Es ist die Lebensweise des *„Haben Wollens"* wie es Erich Fromm in seinem Buch Haben oder Sein beschreibt (1980).

Nicht nur, dass wir die materiellen Dinge besitzen wollen, nein, auch die Menschen mit denen wir uns verbunden fühlen, möchten wir besitzen, hegen einen Alleinanspruch darauf.

Wir empfinden Ärger und Eifersucht, wenn uns jemand dazwischenkommt und uns unseren Besitz streitig macht. Wir haben uns mit dem Herzen an äußere Dinge gehängt, ohne die wir glauben nicht mehr glücklich sein zu können. Damit schufen wir einen Zustand der Abhängigkeit. Abhängigkeit bedingt aber neue Gewalt, weil ich festhalte und mir etwas nicht mehr nehmen lassen will. Dahinter steckt die Angst allein ohne das andere, den anderen unglücklich zu werden. Betrachte ich meinen jetzigen Zustand genauer, dann erkenne ich, dass mein Glück letztlich hohl ist, da es nicht aus mir selbst kommt, ich mir selbst nicht genüge. Wir gaukeln uns also etwas vor, wenn wir meinen, unser jetziger Zustand wäre vollkommen. Er scheint nur so, weil wir alles haben, aber wehe, es geht uns verloren, durch Krankheit, Arbeitslosigkeit, Trennung oder Tod. Hier entsteht die Verzweiflung an uns selbst. In der Selbsttäuschung liegt bereits Gewalt gegen uns selbst, weil wir nicht unseren wahren Zustand betrachten können und den Weg der Ersatzbefriedigung einschlagen und unser *Zu-uns-kommen,* unser *Eins-werden-mit-dem-was-ist* verhindern. Wir haben uns Bilder geschaffen, Bilder vom Leben an sich, vom Besitz, von Menschen, von Selbstverwirklichung, von Religion und von Gott. All diese Bilder sind Illusionen, kollidieren mit Bildern anderer Menschen, schaffen ständig Konflikte und neue Gewalt. Wir vergleichen, wägen ab, beurteilen und verurteilen, wollen überzeugen, verändern und bringen dabei neue Gewalt in die Welt, weil wir sie in uns tragen und dem Irrtum unterliegen, wir wären nicht Eins mit allem, was auf dieser Erde existiert.

Wir kennen das Gebot: „Liebet eure Feinde!" Im Buddhismus gibt es dieses Denken nicht.

Einen „Feind" gibt es nicht, da es auch kein Objekt, kein Gegenüber gibt. Friedvoll zu sein bedeutet, das Vergleichen loszulassen, aufzuhören mit den Vorstellungen darüber, wie etwas zu sein hat. Wir sehen die Dinge dann wie sie sind, ohne Neigung und Abneigung. Hier entziehen wir der Gewalt die Wurzeln und sie löst sich auf.

Es ist der Zustand der *Armut im Geiste*. Kein Fragen, kein Suchen, kein Wünschen, frei sein von allen Bildern und Vorstellungen.

„Gott ist ein lauter Nichts
ihn rührt kein Nun noch Hier.
Je mehr du nach ihm greifst,
je mehr entwird er dir."

(Angelus Silesius, Vers 25, I. Buch, 1986)

Ohrenbetäubender Lärm!

Düsenjäger
durchschneiden die frühsommerliche Mittagsruhe.

Eine Amsel füttert ihr Junges.

(1.6.96)

Das Hindernis der Angst

Ein großer hemmender Faktor mit sich und seinem Alltag in Harmonie zu kommen ist die Angst. Angst wirkt sich an vielen Stellen im menschlichen Leben als Blockierung aus, die eine Entwicklung verhindert. Diese Angst bezieht sich auf zwei wichtigen Ebenen.

Die eine Ebene ist der Umgang mit den alltäglichen Anforderungen, die das Leben an uns stellt und die andere Ebene ist die des Vollzuges der inneren Wandlung.

In meiner therapeutischen Arbeit erlebe ich, wie nachhaltig prägend die Lebenserfahrungen sind, die im Menschen Spuren der Angst ausgelöst haben. Habe ich z.B. kein Vertrauen in meine Hände erlebt, sondern durch die Rückmeldungen der Eltern erfahren, dass meine Hände ungeschickt sind, alles falsch machen, dann baut sich eine Vorsicht und Ängstlichkeit in meinen Händen auf und ich *erfasse* und *be-greife* die Welt aus diesen negativen Erfahrungen heraus. Meine offene vertrauensvolle *Hin-Wendung* und *Zu-Wendung* Menschen und der materiellen Welt gegenüber ist gestört und mit Unsicherheit und Angst besetzt. Diese dämonische Besetzung trage ich unter Umständen mein Leben lang mit mir herum. Dämonisch deshalb, weil die negative Besetzung meiner Hände und meines Handelns nicht mein eigenes ursprüngliches Empfinden ist, sondern mit der Bewertung von anderen Menschen zusammenhängt. So ist mein Handeln auch als Erwachsener noch geprägt durch das Gefühl alles falsch machen zu können. Die damit zusammenhängende Kausalität bleibt meistens unbewusst. Das bedeutet, dass zum Beispiel eine berufliche handwerkliche Herausforderung oder kreative Entwicklung nicht möglich ist, weil mein Handeln über meine Ausdrucksorgane Hände, durch die Angst nicht gut genug zu sein oder zu versagen blockiert ist. Erst die Auf-

lösung des alten Konfliktes und der damit zusammenhängenden negativen Bewertung ermöglicht ein neues Selbstbewusstsein.
Häufig kommt es bei uns Menschen zu einer Verschiebung von Angst, sodass die direkten Zusammenhänge unklar werden.

Auf der Ebene der inneren Wandlung ist eine Entwicklung nur möglich, wenn wir uns von innen her zulassen, uns trauen, all unsere Strebungen, Gefühle, geheimen Wünsche usw. anzuschauen und uns so auf diese Weise kennen lernen ohne uns selbst zu unterdrücken oder Teile von uns abzuspalten. Mit dem was wir erkennen, können wir umgehen, das, was wir verdrängen wächst häufig in den dunklen Ecken unserer Seele zu beängstigenden dämonischen Auswüchsen heran, die wir, weil sie jetzt gefährlich erscheinen, umso mehr verdrängen und unterdrücken müssen. Dies können bestimmte Triebimpulse sein, die wir in uns spüren, wie z. B. der Wunsch nach Selbstausdruck. Das uns innewohnende Sein benötigt Raum in unserem Leben, um sich auszudrücken. Dies könnte uns aber in Konflikte mit anderen Menschen bringen oder mit erworbenen Einstellungen, Werten und Normen. Sind unsere lebensgeschichtlichen Erfahrungen in diesem Bereich stark sanktioniert worden, so werden wir in der Regel unbewusst derartige Wünsche durch rationale Überlegungen unterdrücken und Situationen vermeiden, in denen sie ausgelöst werden könnten. Hier findet sich auch die Wurzel für ablehnende oder gar feindliche Haltungen gegenüber Menschen, die sich im Gegensatz zu uns annehmen und zu sich stehen.

Die Angst vor uns selber ist der Grund für die Stagnation und verhindert unser inneres Wachstum und das Eins werden mit unserem So-Sein. Ängstliches Tun ist geprägt durch Misstrauen der eigenen Persönlichkeit gegenüber. Der Kontakt zur Mitte ist verloren gegangen und das Vertrauen zum eigenen Urgrund, zu den schöpferischen Fähigkeiten fehlt. Sie kennen wahrscheinlich das alte biblische Gleichnis von den Talenten, die der Herr gibt. Zwei seiner Diener vermehren ihre Talente und einer vergräbt sie aus Angst es könnte kein Heil daraus erwachsen. Angst lässt uns nicht beherzt und frei auf die Dinge zugehen.

Die Ente sagt im Roman „Stein und Flöte“ (Bemmann, 1983, S.367):

„Du bist zu ängstlich.
Solange du nur daran denkst,
was dir zustoßen könnte,
erreichst du nie dein Ziel.“

Angst stellt Überlegungen an, erwartet unser Versagen, bringt die unterschiedlichsten Symptome wie Zittern, Schwäche, Atembeschwerden, Beklemmungsgefühle, Schwindel, Schwitzen, Anspannung hervor, führt zu Katastrophenerwartungen und Angst vor der Angst.

Angst lässt die Dinge nicht so, wie sie sind, sondern verändert sie in dämonischer Weise. Da kann ein Lebensmittelgeschäft, ein Aufzug, ein großer Platz, ein Messer, eine Menschenansammlung aus seiner Normalität herausgerissen zu einer gewaltigen Bedrohung werden. Eine kleine Aufgabe, eine normale Erwartung, ein wohlwollender Blick, eine Körperberührung, kann die Angst hervorrufen. Im Zustand der Angst ist keine freie Begegnung zwischen uns und der Welt mehr möglich. Der Mensch kann nicht in der unbekümmerten Weise eines Kindes ganz frei von Belastungen und Erwartungen mit seiner Aufgabe umgehen.

Was aber macht die Angst zu einem Problem, das uns gefangen hält und zu einer Einschränkung unseres Lebens, unseres Glücks führt?

Es ist das Verhaftetsein im Zustand der angstauslösenden kindlichen Erfahrung. Dies wird besonders darin deutlich, dass wir nicht einfach, obwohl mittlerweile erwachsen und 20 oder 40 Jahre älter, aus der Stärke und der intellektuellen Reife des Erwachsenen heraus die Situation meistern können. So können selbst gestandene Menschen aus Wirtschaft und Politik, von denen man es allgemein am wenigsten erwartet in der Begegnung mit ihrer Partnerin sämtliche Autorität, Würde und Stärke verlieren. Durch die ungelösten kindlichen Erfahrungen verfallen sie in eine innere und äußere Haltung, die ihrem damaligen Konfliktlösungsmuster entsprach. Sie haben Angst sich anders adäquater zu verhalten, sich aus dem alten Muster zu lösen und neue Wege zu gehen. Ihre Angst hat zur Abhängigkeit und Unterwürfigkeit in der Partnerschaft geführt, auch wenn sie in beruflicher Hinsicht sehr erfolgreich sind.

Die Aspekte der Angst können sehr unterschiedlich sein. Habe ich in meiner Kindheit vermittelt bekommen, dass ich nicht viel tauge, dass ich ein böses Kind bin oder ich durch mein Dasein am Unglück meiner Mutter schuldig geworden bin, so entwickelt sich anstatt Vertrauen in mein So-Sein eine Angst vor meiner wirklichen Natur. Ich glaube nicht an mich und kann mich nicht meinem inneren Wesenskern zuwenden, sondern bleibe in der Angst stecken und meine innere Entwicklung ist blockiert.

Die größte Angst des Menschen ist die Angst vor der Sinnlosigkeit des Lebens. Entdecken zu müssen, dass alles Tun, alle Bemühungen umsonst sind, dass es nichts gibt auf der Welt, an dem man sich festhalten kann und für das es sich zu leben lohnt. Menschen, die ich in solchen Phasen begleiten durfte, erleben dies als die größte existentielle Krise ihres Daseins. Die Angst wächst in einem solchen Maße, dass sie den Menschen an die Grenze des Wahnsinns führt und an einen Ort bringt wo, wie in der Bibel beschrieben, nur noch Heulen und Zähneknirschen ist. Es ist dann die Hölle auf Erden. Die große „Wurzel des Glaubens“ ist dann verlorengegangen und es gibt nur noch die große „Wurzel der Angst und des Zweifels.“ Aus dem Blickwinkel der Psychotherapie haben wir es hier mit einem Zustand der Geisteskrankheit zu tun. Es ist die Paranoia, in der das Bewusstsein verwirrt ist und sich alle alten Muster aufzulösen beginnen, und der Mensch keinen Halt mehr findet. Aus dem Blickwinkel der Esoterik wird ein solcher Prozess als Durchgang und Reinigung betrachtet. Wir können nur zu unserer vollen menschlichen Existenz vordringen, wenn wir unsere alten Ich-Zustände auflösen und uns frei machen von unseren Ängsten, Hoffnungen, Abneigungen und Wünschen. Bedenken wir einmal wie viel Zeit und Kraft wir jeden Tag benötigen, um uns mit den aus unseren Ängsten, Hoffnungen, Abneigungen und Wünschen erwachsenen Gefühlszuständen auseinander zu setzen. Wo bleibt dann noch Raum für uneingeschränkte Lebensfreude? Wie können wir da noch in der Gegenwart leben, wenn wir uns permanent mit unseren Vorstellungen aus der Vergangenheit und der Zukunft beschäftigen?

Im Zen spricht man vom Zustand der *Nicht-Angst*. Die *Nicht-Angst* ermöglicht uns frei zu sein für den Moment und die Dinge so zu sehen, wie sie sind. Finden wir in den Zustand der *Nicht-Angst* zurück, dann fallen unsere Behinderungen durch die wir vergiftet wurden von uns ab und wir können frei und ungehindert aus unserem Inneren schöpferisch und spontan tätig werden.

Dazu gehört die Öffnung zu unseren eingeschlossenen Herzensqualen, denn Herzensqualen lassen uns die Menschen und die Dinge der Welt aus dem Blickwinkel der Angst betrachten. Nur so können die alten Wunden heilen und wir uns unserem gegenwärtigen Leben durch einen Prozess der Transformation voll und ganz hingeben. Während der Transformation können alte Verletzungen heilen, weil sie im Gegensatz zu früher von uns ganz bewusst erlebt und durchlebt werden, ohne sie zurückzuweisen und uns von ihnen hinreißen zu lassen. Unterdrückte Gefühle wie Trauer, Schmerz und Wut finden einen Weg aus der verschlossenen dunklen Kammer des Herzens ans Licht. Die Wiedererlangung eines offenen, fühlenden und lebendigen Herzens ist auch mit der Erfahrung von Tod verbunden. Zu vielen der von uns erlebten Wunden gehörten kleine Tode. Es starben ganz oder teilweise Gefühle, Bedürfnisse, Aspekte unserer Persönlichkeit, unsere Unbekümmertheit, unsere Offenheit, unsere Natürlichkeit, unsere Ausdrucksfähigkeit, unsere Freiheit, unser Wertgefühl, unser Selbstbewusstsein, unsere schöpferische Kreativität, unser Mut, unsere Sensibilität, unser Mitgefühl und damit unser ursprüngliches *So-bin-Ich.* Verbinden wir uns mit diesem Wissen, dann sind wir auch verbunden mit dem Wissen, um die Verletzungen all der anderen Geschöpfe, denen auch Wunden geschlagen wurden, die auch Tode sterben mussten. Es entsteht eine Verbundenheit von Herz zu Herz und neues Leben erwächst aus der Hingabe an den fortwährenden *Leben-Tod-Leben-Zyklus,* der in der Erfahrung des Einsseins die Angst überwindet.

Das Leid an uns selber hat ein Ende und die ständig frustrierenden Erfahrungen und unglückseligen Fantasien lösen sich auf. Während des Zazen können wir uns unserem Herzen öffnen, für die Erfahrung der *Nicht-Angst,* indem wir uns Einüben in das Loslassen der Angst. Unser unnachgiebiges Festhalten an alten Ich-Zuständen verhindert, dass wir die Realität so annehmen, wie sie ist. Wenn wir uns einmal entschlossen haben etwas nicht akzeptieren zu wollen, sei es der Tod eines Menschen, unsere Krankheit, die Trennung von einem geliebten Menschen, unser Alter, dann werden wir starr und unnachgiebig, unser Leben erfährt eine leidvolle Erweiterung ohne Transformation. Unser Ich will sich nicht mit der Veränderung abfinden und hat Angst vor dem, was dann kommen könnte. Wir sind nicht mehr frei für unseren Wandel, für das kosmische Gesetz der Veränderung. In der regelmäßigen Zazen-Übung verschwindet unser Anhaften, unser Festhalten. Unsere ängstliche Haltung löst sich auf und wir erleben uns wie die Tiefe des Ozeans, die in völliger Ruhe verbleibt, auch wenn an der Oberfläche aufgewirbelt durch einen Sturm die Wellen hochschlagen. Im Zustand der *Nicht-Angst* identifizieren wir uns nicht mit den leidvollen Sorgen des Ichs. Wir unterdrücken sie nicht, halten aber auch nicht daran fest und kommen so zu Ruhe und Frieden.

Yamada Bunryo Roshi erzählte während eines Sesshin folgende Geschichte:

Ein Zen-Meister lebte mitten im Wald in einer Grashütte. Er benötigte keine Anerkennung von anderen, keine Macht und keinen Reichtum.
Eines Tages kam ein Räuber und brach bei ihm ein. Aber der Zen-Meister besaß nichts Besonderes.
So gab er ihm seine Bettdecke und der Räuber war zufrieden. Nachdem sich dieser wieder davongemacht hatte, schrieb er ein Haiku:
„Der Mond schien durch das Fenster und der Räuber hat ihn nicht mitgenommen."
Dann vergaß er den Räuber.

Direkt

neben dem ausgetretenen Pfad
des Denkens

liegt

der sonnendurchtränkte
und moosbedeckte Platz

des Seins.

(13.3.98)

Auf dem Wege sein

Zwei Fragen drängen sich zu Anfang auf. Was ist der Weg, und wie komme ich auf den Weg?

Wie vieles im Zen zuerst einmal paradox erscheint, so ist es auch mit dieser Antwort:

Ein Schüler sprach zu seinem Zen-Meister: „Was ist der wahre Weg?"

Der Meister erwiderte: „Der alltägliche Weg ist der wahre Weg."

Der Schüler fragte: „Wie komme ich auf diesen Weg, ich möchte ihn erlernen?"

Sein Meister antwortete:

„Wenn du den Weg suchst, wirst du ihn nie finden. Wenn du ihn nicht suchst, wirst du ihn auch nicht finden.

Wenn du ihn erlernen möchtest, wirst du ihn nie erfahren können und wenn du ihn nicht erlernen möchtest, wirst du ihn auch nicht erfahren.

Sei offen und weit wie der Himmel und du bist auf dem Weg."

Wollen wir offen sein auf diesem Weg, gehört es dazu, die Geisteshaltung des Aussonderns und Auswählens aufzugeben. Dies ist eine große Übung für unseren alltäglichen Weg! Wissen wir doch nur zu gut, wie wir immer wieder versuchen, die Welt, die Dinge so für uns passend zu biegen, dass wir noch einmal um das Annehmen herumkommen. So lange alles nach unserer Nase läuft, ist es nicht schwer, ja zu allem zu sagen. Sei offen und weit wie der Himmel, hört sich sogar verlockend an. Wahrscheinlich, weil wir uns einen blauen Himmel vorstellen mit einigen kleinen Kumuluswolken. Nun, Sie werden schon die Erfahrung gemacht haben, dass es schwere Gewitter gibt, mit zuckenden einschlagenden Blitzen und einem Donner, dass einem das Trommelfell platzen könnte. Der blaue Himmel kann sich in null Komma nichts in eine bedrohliche Dunkelheit verwandeln, aus der es wie aus Bächen schüttet, dass Straßen und Keller überflutet werden. Diese Zustände annehmen fällt uns schwerer, besonders wenn wir selbst betroffen sind. Da ist es gut, dass unser Alltag uns viele kleine und vor allem leichtere Situationen bietet, in denen wir ernst machen können mit der Aufgabe des Aussonderns und Auswählens. Vielleicht sitzen Sie ganz vertieft am Computer und sind froh, dass Sie endlich Zeit dafür gefunden haben und Ihre Partnerin bittet Sie noch um einen kleinen Abendspaziergang. Das ist so ein Moment, wo Sie auswählen möchten und ihre Interessen in den Vordergrund schieben wollen. Oder Sie sitzen vor dem spannenden Krimi und ihr Sohn bekommt Bauchweh und er ruft Sie und nicht Ihre Frau. Was ist mit Ihren Gefühlen, wie schwer fällt es Ihnen, diesen Wunsch einfach anzunehmen und sich liebevoll um Ihr Kind zu kümmern ohne das Fernsehen im Kopf. Es ist nicht so wichtig, ob Sie bei allen Begebenheiten frei sind von Unwillen. Entscheidend ist, dass Sie die Anforderung erfüllen. Und wenn Sie anfangs dabei Ihre Gefühle durchleiden müssen. Durchleiden Sie sie! Es hilft dabei, dass eigene Ich nicht so wichtig zu nehmen und die Widerstände aufzulösen, die uns im Wege stehen. Und wir lernen, mit offenem Herzen die Dinge so anzunehmen, wie sie uns entgegenkommen.

Zen im Alltag

Die Zen-Übung ist nicht auf die tägliche Meditationspraxis beschränkt, in der Sie auf Ihrem Zafu sitzen. Wenn Sie es ernst meinen, dann betrifft die Zen-Übung Ihr ganzes Leben, von morgens früh mit dem Aufstehen bis zum späten Abend, wenn Sie wieder ins Bett gehen. Ist das nicht wunderbar?

Zen heißt:

- sich selbst zur Zielscheibe machen
- sich selbst in Frage stellen
- sich selbst fallen lassen
- sich selbst erkennen.

Zen ist demnach eine existentielle Erfahrung so wie es das Kyudo (japanisches Bogenschießen) uns auch lehren kann. Herrigel (a.a.O., S.13) schreibt:

„(das) Bogenschießen (ist) nach wie vor
eine Angelegenheit auf Leben und Tod
in dem Maße, wie es Auseinandersetzung
des Schützen mit sich selbst ist..."

Es ist wichtig zu verstehen, dass Zen nicht nur eine Weise ist, da zu sein, um die ich mich während der Meditation bemühe. Dies käme dem Christsein gleich, wenn es nur während des Sonntagsgottesdienst gelebt wird und im alltäglichen Umgang mit der Natur und den Menschen vernachlässigt würde. Haben wir erkannt, dass die geistige Haltung des Zen uns als Menschen ganz angeht und sich in jedem Augenblick in unserem Tun ausdrücken muss, befinden wir uns in der alten Tradition des *Kufu,* die innere Haltung, die unser ganzes Tagewerk durchdringt.

Stellen Sie sich vor es würde nicht so sein. Und die Zeit der Annahme, der Harmonie mit allem was ist, würde sich nur auf diese halbe Stunde in Ihrem Alltag beziehen. Wie schade wäre das.

Sehen Sie alle Vorkommnisse und alle Tätigkeiten als Gelegenheit zur Übung an. Dies ist entscheidend für unser Eintauchen in den Ursprung des Seins. Richten wir unsere Bemühungen nur auf unser tägliches Zazen, bliebe es in unserem Alltag eine isolierte Übung. Erst die wache Ausgerichtetheit auf das Eigentliche, mein momentanes Tun beglückt uns in jedem Moment des Lebens und schenkt uns inneren Frieden. Das gilt für das Zubinden der Schuhe, wie für das Vorlesen einer Gute-Nacht-Geschichte, für die Zubereitung einer Tasse Tee, wie für die Zärtlichkeit mit Ihrer Partnerin, für ein Gespräch, wie für das Zähne putzen. Dabei gibt es kein Auswählen von Wichtigkeiten aufgrund meiner Vorlieben oder weil es uns hierbei besser geht als bei einem anderen Tun. Voll und ganz aufmerksam sein, ist mit ganzem Herzen in seinem Tun anwesend sein. Sie werden wissen, wie es ist *nicht-anwesend-zu-sein,* etwas *geistes-abwesend, mechanisch* auszuführen. Es bleibt abgetrennt von der Tiefe Ihres Erlebens. Hinterher weiß man nicht einmal mehr genau was man eigentlich gemacht hat. Wir waren nicht mit unserer ungeteilten Aufmerksamkeit bei der Sache. Stellen Sie sich Ihre Lieblingsbeschäftigung vor und denken sie jetzt einmal, Sie würden alles mit der gleichen Hingabe und Aufmerksamkeit tun. Wäre dies nicht wundervoll, würde das nicht den Alltag, jede Handlung neu beleben und bereichern?

Meister Eckhart (1984, S.30) hat es so formuliert:

„Und bewusstes Wirken nenne ich das,
wo man lebendige Wahrheit mit
fröhlicher Gegenwärtigkeit
in guten Werken verbindet."

Vielleicht kennen Sie das Grimms-Märchen von Frau Holle. Die Goldmarie lebt bei ihrer bösen Stiefmutter und Stiefschwester. Und als ihr beim Spinnen die Spindel in den tiefen Brunnen fällt, muss sie hinabtauchen, um sie wiederzuholen. Sie gerät dabei auf eine große Wiese. Dort kommt sie an einem Ofen vorbei, in dem die Brote gar gebacken sind und sie darum bitten herausgenommen zu werden. Sie nimmt sich der Brote an und ist mit ganzem Herzen dabei. Ein Stück weiter steht ein Apfelbaum, an dem die Äpfel reif sind. Sie schüttelt die Äpfel herunter. Goldmarie macht es direkt, ohne Umschweife und langes Überlegen. Sie kümmert sich um das Nächstliegende und lässt für diese Zeit ihr persönliches Vorhaben ruhen. Auch die schöne grüne Wiese kann sie nicht davon abhalten das Wesentliche zu tun. Goldmarie wirkt in fröhlicher Gegenwärtigkeit und wird dafür nach dem Dienst bei Frau Holle, in dem sie voll und ganz ihr Bestes gibt reichlich belohnt.

Zen im Alltag heißt nach Lin-chi (jap. Rinsei) dem Begründer des Rinsei-Zen,

ein *gewöhnlicher Mensch sein* und *keine Umstände machen!*

Gemeint ist damit, in allen Lebenslagen natürlich, schlicht, einfach sein, ohne aus sich etwas machen zu wollen und das Außerordentliche zu suchen, wie auch immer die äußeren und inneren Umstände sein mögen.

Wir sind gewohnt, uns Ziele zu setzen und alles dafür zu tun, um dorthin zu kommen. „Das Ziel nicht aus den Augen verlieren", ist eine Seins-Weise, die dazu führt, den gegenwärtigen Moment aus den Augen zu verlieren. Unsere Gedanken verweilen schon in der Zukunft, hängen an dem Ziel und hindern uns daran, uns voll und ganz auf unser jetziges Tun einzulassen. Möchte ich einen Freund besuchen, ist es wichtig in den richtigen Zug zu steigen und das Ziel vor Augen zu haben, um bei ihm auch anzukommen. Möchte ich auf dem esoterischen Weg weiterkommen - dies ist eine Zielvorstellung - muss ich gleichzeitig mein Ziel wieder loslassen, um dort anzukommen. Dies klingt zwar paradox, aber Sie können diese paradoxe Denkweise in Ihrer Schlafsituation überprüfen. Sie gehen ins Bett, um zu schlafen. Denken Sie aber permanent daran doch endlich einzuschlafen, kann der Schlaf nicht kommen. Vielmehr kommen Unruhe, Ärger und immer wieder neue Gedanken. In dem Moment, wo Sie sagen, mir ist es jetzt auch egal, ob ich schlafe oder nicht, und Sie hören auf, ihn herbeizwingen zu wollen, kommt der Schlaf von alleine. Sie haben aufgehört, etwas erreichen zu wollen, und haben ihr Ziel losgelassen.

So darf auch das Zazen nicht etwas sein, was wir lernen wollen. Das würde bedeuten, dass ich mich ändern und mich nach den Vorstellungen des Zen richten müsste. Es wäre mein Orientierungspunkt, mein Ziel. Und dies ist ein großer Fehler! Ich darf Zazen nicht als Objekt betrachten. Ich selbst bin Zen. Zen ist nicht außerhalb von mir und ich muss mich nicht erst anstrengen, um dorthin zu kommen. Ich kann also Zen nur in mir erfassen und nur in diesem Augenblick und nicht irgendwann in der Zukunft. Erst dann werde ich wie ein tausendblättriger Lotus in allen meinen Aspekten erblühen und Eins mit dem ganzen Kosmos sein. Ich kann nicht mein Ziel, meinen Wunsch nach Verwirklichung in die Zukunft verlagern und es außerhalb von mir selbst suchen.

Jetzt in diesem Moment ist schon alles da, nur hindern wir uns selbst daran es zu erkennen.

Wir könnten es als geistige Finsternis betrachten, als Unwissenheit, die uns an dem Irrtum haften lässt, dass das, was von Beginn an eins ist, getrennt wäre.

Zazen führt uns zur Befreiung, bringt uns zur Einsicht in die wahre Natur der Dinge.

Zazen

Die äußere Haltung

Zazen regelmäßig in den Alltag einbauen, heißt eine Zeit festlegen, in der wir konsequent sitzen. Würden Sie es nur der guten Absicht überlassen, ob Sie im Laufe des Tages die nötige Ruhe und Zeit finden, wäre wahrscheinlich kaum ein Tag dabei, an dem dies gelingen könnte. Zum Zazen eignet sich besonders der frühe Morgen, wenn Sie ausgeruht und frisch sind. Sie können dann Ihre innere Sammlung mit in den Alltag nehmen. Es ist eine gute Voraussetzung für Ihr alltägliches Tun. Wählen Sie zu Beginn Ihrer Praxis besser eine kurze Zeitspanne. Es ist für den Anfang leichter und motivierender täglich fünf bis zehn Minuten hingebungsvoll Zazen zu sitzen, als eine halbe Stunde unter Schmerzen und mangelnder Konzentration. Ihre positiven Erfahrungen werden Sie drängen nach und nach die Meditationszeit zu verlängern.

Bereiten Sie sich einen Platz zum Sitzen vor. Ein festes Kissen (z.B. ein Zafu) oder einen Meditationshocker. Sollte Ihnen beides aus körperlichen Gründen nicht möglich sein, benutzen sie einen gewöhnlichen Stuhl, ohne sich jedoch beim Sitzen an die Lehne anzulehnen. Stellen Sie sich ein paar Blumen hinzu und zünden Sie sich eine Kerze an. Für mich gehört beides zur Meditation. Die Kerze führt uns in die Gegenwart. Sie brennt weder in der Vergangenheit noch in der Zukunft. Sie erleuchtet unseren Raum nur in diesem Moment, wo wir sie wahrnehmen und erleben. Die Blume erblüht ohne Wenn und Aber. Mag es die Allerschönste sein in unseren Augen, sie denkt nicht darüber nach, ob sie uns gefällt. Sie erblüht ohne Erwartungen und Vorstellungen über ihre Zukunft und ohne innerlich an einem Bild zu hängen, das ihr Ansehen betrifft. Sie gibt sich ganz sich selber hin, indem sie sich ganz von innen her zulässt, mit all ihren Facetten, ihrer Schlichtheit und ihrer Pracht. Somit ist sie uns Ermunterung für das Leben offen zu sein für uns, im Vertrauen auf unsere Göttlichkeit, unsere Buddha-Natur.

Die Verbindung zum Wesentlichen durch das Sitzen führt uns Menschen auch dazu, dass wir auf das Wesentliche schauen, sei es im Umgang mit unseren Mitmenschen, Tieren oder der Natur allgemein. Die gesammelte Aufmerksamkeit lässt uns bewusster unser alltägliches Tun erleben, ob wir frühstücken oder auf dem Wege zur Arbeit sind.

Yamada Roshi gab mir mit auf den Weg, dass drei Dinge für das Zazen wichtig sind:

erstens die Haltung,
zweitens die Atmung und
drittens das Herz in Ordnung zu bringen.

Nehmen Sie eine Körperhaltung ein, in der Ihre Wirbelsäule aufgerichtet ist. Nase und Nabel bilden eine Linie. Die Beine sind vorzugsweise im Lotussitz verschränkt. Der rechte Fuß liegt auf dem linken Oberschenkel und der linke Fuß auf dem rechten Oberschenkel. Ist dies nicht möglich nehmen Sie einen halben Lotussitz ein. Entweder der rechte oder der linke Fuß liegen auf dem jeweils anderen Oberschenkel. Die Knie haben Kontakt zur Erde. Weitere Möglichkeiten sind, einen Fuß auf die Wade des anderen Beines zu legen oder sich in den Fersensitz zu setzen mit oder ohne Meditationshocker. Das Kinn ist leicht zurückgezogen, der Kopf ist gerade und die Schultern sind gelöst.

Während des Sitzens sind die Augen leicht geöffnet und der Blick ruht etwa einen Meter vor uns auf dem Boden oder ist gegen die Wand gerichtet. Auf diese Weise geraten wir nicht so schnell ins Grübeln und wir können die Müdigkeit besser von uns fern halten.

Legen Sie Ihre Hände ineinander. Die linke ruht in der rechten Hand, wobei die Daumenkuppen sich leicht berühren. Die Hände ruhen im Schoß und die Handkanten haben Kontakt zur Leibesmitte oder Unterbauch. Zur Verstärkung der Aufmerksamkeit können Sie Ihre Zungenspitze nach oben an den Gaumen legen.

„Wenn der Mensch sitzt,
so sinkt das grobe Blut,
und die lichten Geisteskräfte
dringen hinauf zum Hirn:
so wird das Bewusstsein erleuchtet.

(Meister Eckehart, Bd. I, 1988, S.9)

Um diesen Prozess zu unterstützen und damit Ihr Geist zur Ruhe kommen kann, ist es wichtig, unsere ungeteilte Aufmerksamkeit auf unseren Atem zu richten. Ist es für Sie schwierig Ihre ganze Aufmerksamkeit auf die Atmung zu richten, zählen Sie ihre Atemzüge, praktizieren Sie Zuisokukan. Beginnen Sie mit der Eins beim Einatmen, Zwei Ausatmen, Drei Einatmen usw. bis Sie bei Zehn angekommen sind und fangen Sie dann wieder von vorne an. Anfangs wird es so sein, dass sie plötzlich spüren: „Oh, ich bin ja schon bei 25!" Nehmen Sie es kurz zur Kenntnis und beginnen Sie wieder bei Eins. Auch das Zählen erfordert, dass wir uns ganz unserer Atmung hingeben! Reagieren Sie mit Ärger auf sich, beginnen Sie den Gedanken neue Nahrung zu geben und Ihre Gelassenheit geht verloren. Betreiben Sie das Zählen nicht oberflächlich. Nichts anderes darf mehr wichtig sein als eben dieses Zählen. So wie bei dem Einswerden mit einem Koan können Sie auch beim Zählen zur Erleuchtung kommen. Das setzt aber voraus, dass wir es gleichzeitig nicht als Zweck einsetzen, um die Gedanken fernzuhalten. Versuchen wir dies, bleiben wir stecken und machen uns viel Mühe für nichts und wir könnten zwanzig Jahre zählen ohne Fortschritt. Wir müssen Eins werden mit der drei wie mit der Sieben, mit jeder Zahl, sonst hängen wir am Zählen fest.

Lassen Sie Ihre Einatmung ganz von selbst geschehen und geben Sie Ihrer Ausatmung einen langsamen, ruhigen Rhythmus. Die Ausatmung ist dabei gleichzeitig kräftig und nicht wahrnehmbar. Die Atmung bringt uns in unsere Mitte zurück. Damit ist nicht nur unser Bauch-Beckenraum gemeint, sondern auch unsere innere Mitte. Unser Leben erfährt hinsichtlich unserer Kopflastigkeit eine wichtige Korrektur, und wir fühlen uns getragen und gestärkt. Die ruhige und tiefe Atmung verbindet uns mit unserem Urgrund, und alle ängstlichen, sorgenden Gedanken und Tagträumereien beginnen sich auflösen.

Sollten Sie das Zählen als Hilfestellung für Ihren abschweifenden Geist nicht benötigen, ist es auch möglich, in der beschriebenen Weise mit der Atmung eins zu werden ohne von Eins bis Zehn zu zählen.

Harada Sekkei Roshi beschrieb es so:

„Buddha sagte zu Zen:
Einfach nur tief atmen, tief einatmen und tief ausatmen!
Keine Vorstellungen machen von dem, was kommen soll, was wir erwarten.
Keine Bilder suchen und nehmen.
Nur tief einatmen, tief ausatmen!
Dann kommt der Zen-Geist und wir können ihn erfahren.
Tief einatmen und tief ausatmen führt uns zu Samadhi, Zanmai. Der Lehrer ist euer eigener Zen-Geist, der schon immer da war.
Also, nichts anderes tun, als tief einatmen und tief ausatmen.
Nicht nur im Zendo während des Zazen.
Zen-Geist ist Alltags-Geist.
Tief einatmen und tief ausatmen nicht mehr vergessen"

Die innere Haltung

Die äußere Haltung wird zur inneren Haltung wenn Yamada Roshi sagt:

„Halten Sie Ihr Kreuzbein gerade."

Als Meister Dogen im 13. Jahrhundert von China nach Japan zurückkam und er nach der Essenz der Buddha-Lehre gefragt wurde antwortete er:

„Die Nase ist senkrecht und der Mund ist waagerecht."

Er sagt damit nichts Ungewöhnliches und doch ist die Verwirklichung dieser Alltagsweisheit schwer, weil wir dabei einer der großen Anfangsschwierigkeiten beim Zazen begegnen, dass unser ruheloser Geist versuchen wird, unsere innere Ruhe und Konzentration zu stören. Eines seiner wichtigsten Argumente während des Sitzens bezieht sich darauf, besser im Bett geblieben zu sein, da jede Minute Schlaf zählt und das andere Argument ist die Überlegung, ob nicht ein anderes Tun sinnvoller ist, als nur „herumsitzen" und „gar nichts" tun. Wer kann heute schon seine Zeit vergeuden?

Würde Ihnen jemand sagen: „Lese doch morgens vor Deiner Arbeit diese neue Computerzeitschrift, sie ist gut für Deinen Job!", würde dies Ihnen nicht leichter fallen, da es sich so gut eingliedern lässt in Ihr bisheriges Tun? Aber Zazen jeden Morgen praktizieren ist da schon schwieriger, nicht nur weil es für Sie etwas Ungewohntes ist, sondern auch, weil Sie es nicht so leicht mit anderen teilen können und Sie eher kritische Fragen erwarten müssen oder unverständliche Blicke, bis hin zu bemitleidenswerten Reaktionen. All das kann sich in Ihren Gedanken abspielen. Aber lassen Sie sich nicht irreführen, es sind ganz normale Versuche unseres Egos uns von dem abzuhalten zu dem es noch keinen sinnvollen Bezug hat. Treten wir unserem Ego mit Entschiedenheit entgegen und geben wir seinem Drängen nicht nach, sind wir diejenigen die unser Tun bestimmen. Setzt unser Ich sich durch, bleiben wir in unseren alten Mustern stecken und können auf unserem geistigen Weg kein Fortkommen erreichen.

Neben den „normalen" Gedanken kommt es häufig während des Zazen zu Erscheinungen, die sich vor unseren halb geöffneten Augen abspielen, seltener hören wir Stimmen. Man nennt sie *Makyo*, und sie können alle möglichen Gestalten annehmen. Es können schreckenserregende Dämonen ebenso wie Heilige sein. Möglich sind auch visuelle Licht- und Farberscheinungen. Makyo-Erscheinungen gehören zum normalen Prozess und beruhen auf unserer starken Konzentration, in der unsere Bewusstseinstätigkeit wenig Raum hat. Ähnlich wie im Schlaf gibt das Unterbewusstsein Bilder frei. Was immer auch das Makyo hervorbringt, kümmern Sie sich nicht darum. Wenden Sie sich wieder mit Ihrer Aufmerksamkeit Ihrem Herzen und Ihrer Atmung zu und verweilen Sie nicht weiter bei den Erscheinungen und den darüber entstehenden Gedanken und so kommen Sie zurück in das stille Wahrnehmen des reinen Seins.

Die tiefe Vereinigung mit unserer Buddha-Natur, unserer Göttlichkeit, ist nur möglich, wenn wir unseren Gedanken die Nahrung entziehen und ihnen nicht die Möglichkeit geben, sich mit allem möglichen zu beschäftigen. Wir neigen dazu, das Besondere, das Außergewöhnliche, das Erhabene, das Heilige festhalten zu wollen. Zazen bedeutet, auch dies loslassen, damit wir aus der Dualität, aus der Betrachtung in die „Fülle des Nichts" fallen können. Wir können einer Zersplitterung und Aufspaltung unserer inneren Einheit nur entgehen, wenn wir unserem Denken keinen Raum geben sich zu entwickeln, mag unser Intellekt auch noch so triftige Gründe anführen. Und dies ist leichter gesagt als getan. Für jemanden der am Anfang steht, ist es deshalb hilfreich *Zuisokukan* zu praktizieren.

Lassen wir ab von unseren persönlichen Gedanken können während des Zazen alle Bilder und mentalen Gebilde, die aus dem Unterbewusstsein aufsteigen auf natürliche Weise verschwinden, wie Luftblasen, die an die Wasseroberfläche kommen. Auf diese Weise kehren wir zurück in den ursprünglichen Zustand unseres Geistes, das *Hishirio-Bewusstsein.*

Dazu benötigen wir Aufmerksamkeit, die in dem folgenden Mondo hervorgehoben wird.

Ein junger Mönch kommt zu seinem Zen-Meister und fragt:
„Meister, was sind die Grundregeln der höchsten Weisheit?"
Der Meister nimmt ein Stück Holz und schreibt in den Sand:
„Aufmerksamkeit."
„Ist das alles?" fragt der Mönch.
„Wollt ihr nicht noch etwas hinzufügen?"
Der Meister schrieb daraufhin zweimal in den Sand:
„Aufmerksamkeit, Aufmerksamkeit."
„Nun," erwiderte der Mönch ziemlich gereizt,
„ich sehe wirklich nicht viel Tiefes oder Geistreiches in dem, was ihr gerade geschrieben habt."

Daraufhin schrieb der Meister dreimal hintereinander:
„Aufmerksamkeit, Aufmerksamkeit, Aufmerksamkeit."
Halb verärgert begehrte der Mönch zu wissen:
„Was bedeutet dieses Wort Aufmerksamkeit überhaupt?"
Und der Zen-Meister antwortete sanft:
„Aufmerksamkeit bedeutet Aufmerksamkeit."

Zu Beginn wollen wir etwas erreichen, sind voller Ideen über das, was uns das Zazen bringen soll, sehen es schon vor uns wie wir sind, wenn wir erst einmal ein halbes Jahr Zazen praktiziert haben. So dreht sich auch beim Zazen alles wieder um unsere vielen Vorstellungen und Illusionen und es fällt uns unsäglich schwer aufmerksam im Augenblick zu verweilen.

Das, was wir gehört und gelesen haben über Zen war wichtig, da es uns mit dieser alten östlichen Tradition in Kontakt gebracht hat und notwendig war für unsere Motivation und den Beginn. Nach einiger Zeit werden wir aber spüren, dass genau all diese Vorstellungen gleichzeitig ein Hindernis sind für unsere Aufmerksamkeit, für unsere Offenheit und unser Wachstum. Wir müssen lernen loszulassen und zwar alles loszulassen.

Zazen ist einfach Zazen. Und nur über das Loslassen in das Gewahrsein des Augenblicks kann es zum Quellwasser für unsere Erneuerung werden und führt uns über das Erkennen unseres wahren Selbst zu Frieden und Freiheit.

Für unsere innere Haltung ist es deshalb wichtig, dass wir nichts erreichen wollen, denn damit blieben wir Gefangene unseres Ichs und unser Zugang zum kosmischen Bewusstsein wäre uns verstellt. Die Aufmerksamkeit auf unsere Atmung führt uns in das Hier und Jetzt der Gegenwart und wir können augenblicklich unser Dharma verwirklichen.

Ist die Aufmerksamkeit ein wesentlicher Teil der Zen-Schulung, so ist es die bewusstwerdende Aufmerksamkeit, die wir am Ende noch loszulassen haben, da sie immer noch ein Rest unserer Ichaktivtät ist, die der Erleuchtung im Wege steht.

Lao-tse (1979,S.25) sagte:

„Könnten wir weisen den Weg,
es wäre kein ewiger Weg.
Könnten wir nennen den Namen,
es wäre kein ewiger Name."

Glossar

Dharma: Lehre des Buddha, die kosmische lebendige Wahrheit.

Do: Der Weg, die höchste Wahrheit.

Dokusan: Einzelgespräch zwischen dem Zen-Meister und seinem Schüler.

Gassho: Zusammenlegen der Handinnenflächen und Anheben der Arme. Symbol für die Einheit von Geist und Existenz, auch Verehrung, Dankbarkeit und Demut.

Hishiryo: Denken ohne zu Denken. Jenseits des Denkens.

Keisaku: Hölzerner Warnstab des Zen-Meisters, hilft beim Zazen die Konzentration wiederzuerlangen, entspannende als auch anregende Wirkung

Kensho: Erkennen der eigenen Natur, Wesensschau.

Kinhin: Gehen im Zen zwischen den einzelnen Zazen-Zeiten.

Koan: Ist im Zen ein nicht durch logisches Denken lösbares Paradoxon.

Kufu: Innere Haltung, Arbeit am Koan.

Makyo: Das Erscheinen „teuflischer" Phänomene beim Zazen.

Mondo: Frage und Antwort zwischen Schüler und Zen-Meister.

Nirvana: Absoluter innerer Frieden, vollständiges Erlöschen aller Erscheinungsformen.

Roshi: Japanisch; wörtlich: verehrungswürdiger, geistiger Lehrer oder Meister.

Rinzai: In der Rinzai-Schule wird beim Zazen das Gesicht dem Raum zugewandt und mit einem Koan geübt.

Samadhi/Zanmai: Tiefe geistige Versenkung.

Sampai: Dreimalige Verbeugung vor dem Buddha oder dem Zen-Meister, höchster Respekt.

Satori: Erleuchtung, Öffnung des geistigen Auges, tieferes Erleben als Kensho.

Sesshin: Eine Woche geistiger Sammlung, intensiver Zen-Übung unter der Leitung eines Roshi.

Shikantaza: Zazen-Übung des „Einfach nur Sitzen".

Soto: In der Soto-Schule wird Zazen mit dem Gesicht zur Wand geübt, ohne Zweck und Zielvorstellung.

Yaza: Nachtsitzen, Zazen nach Beendigung des Tagesablaufes, ab 22.00 Uhr

Zafu: Festes mit Kapok gefülltes Sitzkissen für das Zazen.

Zazen: Sitzen im Zen, geistige Sammlung, Versenkung.

Zendo: Ort, an dem Zazen praktiziert wird.

Zuisokukan: Übung des Atem-Zählens beim Zazen.

Fotonachweis

Die Bilder entstanden im Zen-Garten Am Bagno 25 in Nottuln, Deutschland

Umschlagfoto: Ausschnitt aus einem Kirchenfenster im Zendo

S. 14 Baumberger Sandstein, Eingang zum Zendo

S. 21 Stein im Kiesbeet

S. 30 Buddha-Statur

S. 42 Farn am Bachlauf

S. 51 Tobi Ishi, Trittsteine im Moosbeet

S. 56 Stein im Kiesbeet

S. 65 Trockenbachlauf

S. 74 Silber-Tanne im Kiesbeet

S. 80 Kasuga, jap. Steinlaterne

S. 89 Japanisches Bogenschießen, Kyudo in traditioneller Kleidung

S. 92 Jesusstatue, Kirche in St. Raphael, Cote d' Azur

S. 106 Handgefertigte Steinlaterne

S. 108 Steintreppe mit Bambuslauf

S. 111 Ishibashi, Steinbrücke

S. 119 Kodai Yukimi, jap. Steinlaterne

S. 123 Leichtes Gartentor mit Trittstein

S. 129 Bambuszaun

S. 138 Kyudo

S. 142 Wilder Wein vor Steinmauer

S. 145 Zazen-Haltung

S. 149 Ishibashi, Steinbrücke über Trockenbachlauf

S. 152 Kalligraphie „Dharma Dojo" von Yamada Roshi

Literatur

Bemann, Hans: Stein und Flöte, Stuttgart/Wien 1983

Die Bibel: Einheitsübersetzung, Stuttgart 1996

Drewermann, Eugen: Das Markus-Evangelium Bd. I, Olten 1989

Dürckheim, Karlfried Graf: Meditieren - wozu und wie, Freiburg im Breisgau 1976

Dumoulin, Heinrich: Geschichte des Zen-Buddhismus, Bd. II, Bern 1986

Estes, Clarissa Pinkola: Die Wolfsfrau, München 1983

Fromm, Erich: Die Kunst des Liebens, Frankfurt/Main, Berlin, Wien 1980

Fromm, Erich: Haben oder Sein, München 1976

Harada Sekkei Roshi: Shiteisen, unveröffentlichte Ausgabe, Obama, Japan 1988

Herrigel, Eugen: Zen in der Kunst des Bogenschießens, Bern, München, Wien 1989

Jäger, Willigis: Suche nach dem Sinn des Lebens, Petersberg 1991

Lao-tse: Tao-te-King, Stuttgart 1979

Giei, Sato: Tagebuch eines Zen-Lehrlings, Pfullingen 1988

Meister Eckhart: Vom Wunder der Seele, Stuttgart 1984

Meister Eckhart, in: Der Weg der Meister, Hrsg.: P. Ermin Döll, Meditationshaus St.Franziskus, Dietfurt/ Altmühltal 1988

Mürmann, Herman J.:YOGA Reflexionen zur Wandlung aus psychologischer und psychosomatischer Sicht, Frankfurt am Main 1997

Szekely, Edmond Bordeaux: Das Friedensevangelium der Essener, Buch 1, Südergellersen 1983

Silesius, Angelus: Cherubinischer Wandersmann, Zürich 1986

Teisen Deshimaru Roshi: Shinjinmei, Berlin 1979

Teisen Deshimaru Roshi: Sandokai, Berlin 1980

Teisen Deshimaru Roshi: Satori, Berlin 1982

Tetsuo Roshi Nagaya Kiichi: Tuschspuren, Zürich 1986

Hermann J. Mürmann: „YOGA“

Der Autor hat nach 18jähriger Yoga-Lehrer-Tätigkeit und 13jähriger psychotherapeutischer Arbeit in freier Praxis einen Bogen geschlagen vom traditionellen Hatha-Yoga zur ganzheitlichen Entwicklung der menschlichen Persönlichkeit. Hatha-Yoga erfährt so eine Erweiterung durch die westlichen Erkenntnisse der Psychologie und Psychosomatik.

Im Vordergrund des Buches steht der Wandlungsprozeß des Menschen. Dazu gehören:

- das Erleben der den Asanas zugehörigen Aspekte
- das Erkennen und die Annahme des gegenwärtigen So-Seins
- die Erlaubnis des Herzens zur Entfaltung des uns innewohnenden Wesenkerns
- die Visualisierung der Wandlung und
- die Umsetzung im täglichen Leben.

Haag + Herchen, Frankfurt 1997; ISBN 3-86137-495-1